알기 쉽고 재미있는

중앙 한국어

4

상

알기 쉽고 재미있는
중앙 한국어 4 상

초 판 1쇄 발행 2018년 6월 8일
수정판 2쇄 발행 2020년 7월 6일

저 자 | 이찬규 외
책임 편집 | 이훈, 조윤희, 이혜선, 차준우, 이찬희
발 행 | 중앙대학교
등 록 | 제14-1호(등록일: 1977. 8. 31.)
주 소 | 서울 동작구 흑석로 84
전 화 | (02)820-6137
전 송 | (02)822-5495

판매처 | 태학사
등 록 | 제406-2006-00008호
주 소 | 경기도 파주시 광인사길 223
전 화 | (031)955-7580~1(마케팅부) · 955-7587(편집부)
전 송 | (031)955-0910
전자우편 | thaehak4@chol.com
홈페이지 | www.thaehaksa.com

값은 뒤표지에 있습니다.

ISBN 978-89-7207-892-0 04710
978-89-7207-891-3 04710(set)

KOMCA 승인필

이 책에 직간접적으로 자료 게재를 허락해주신 모든 분께 감사드립니다.
저작권자와 연락이 닿지 않아 부득이 허가를 구하지 못한 일부 자료에 대해서는
연락 주시는 대로 적법한 절차를 따르겠습니다.

*잘못 만들어진 책은 바꾸어 드립니다.

중앙대학교 한국어교육원 한국어 교재 편찬위원회

알기 쉽고 재미있는

중앙 한국어

4

상

중앙대학교

| 머리말 |

중앙대학교에서 한국어교육원을 개원하고 한국어 교육을 본격적으로 시작한 지가 벌써 15년 정도가 되었다. 한국어교육원을 시작할 때만 해도 대학에서 가르칠 만한 한국어 교재가 몇 종밖에는 없었는데, 2018년 현재 시점에서 보면 각 대학마다 직접 개발한 한국어 교재만 해도 수십 종에 이른다. 중앙대학교 한국어교육원에서는 2006년 첫 교재 개발 작업에 들어가 2012년에 이르러서야 《중앙 한국어》 1~4권이 출간되었다. 각 권을 상 · 하로 분책하고 각 급별 워크북까지 제작하여 총 권수가 12권에 이르는 방대한 작업이었다. 임시 교재를 완성한 뒤 그 교재로 강의를 해 보고, 문제점을 발견하여 재수정 작업을 거치면서 보다 실질적으로 학습 효과를 높일 수 있는 교재를 만드는 방식으로 작업을 하다 보니 시간이 많이 걸렸다. 집필진만 22명에 이를 정도로 많은 사람들의 노고가 집약된 결과물이었다. 그동안 이 교재로 공부한 학생들의 만족도도 높은 편이고, 학생들의 한국어 구사능력도 단기간에 기대 이상으로 높아져 효과를 거두었다고 자평해 왔다. 그러나 2012년 이후 몇 년이 지난 시점에서 벌써 교재에 나온 상황이 과거의 것들이 많고, 분량도 압축하자는 의견이 많아 개정판을 내기로 하였다. 2015년 첫 모임을 가지고 개정 작업에 들어갔는데, 그동안 한국어 교육 학계에서 제기된 다양한 연구 결과들을 반영하고, 대화 내용뿐만 아니라 그림이나 사진 등도 참신하게 바꾸고, 책의 구성 형식도 더 이해하기 쉽게 정리하다 보니 개정 작업이라기보다는 새로운 책의 모습을 띠게 되었다. 이 책을 개정판이라 하지 않는 이유이다. 그동안 한국어 교재가 1~4권만 있던 것을 이번에 작업하면서 5~6권까지 개발하여 1~6급까지 완성된 틀을 갖추게 되었다. 1~4권은 통합교재의 형식으로 만들고, 5~6권은 영역별 교재의 형식으로 되어 있어 한국어 학습 단계에 가장 효과적인 방식이라고 자평하고 있다.

모든 책에는 저자들의 철학이 반영된다. 한국어 교육 교재라고 예외일 수는 없다. 이 책은 제목에서도 나와 있듯이 "알기 쉽고, 재미있어야" 한다는 철학이 반영되어 있다. 한국어가 배우기 어려운 언어라는 편견을 불식시키기 위해서는 한국어 교육자들의 노력이 많이 필요하고, 그것의 가장 핵심적인 작업이 교재 편찬이라고 본다. 한국어 배우기가 재미있고, 한국어에서 아름다움과 정밀함을 느껴야 한다. 이러한 점이 반영되도록 이번 편찬 교재에서는 유튜브 등 다양한 매체를 활용하여 교육을 할 수 있도록 하였고, 보다 재미있고 다양한 활동들을 삽입하였다.

이 교재 작업의 헌사를 일일이 다 하기는 지면이 충분하지 않지만 그래도 가장 먼저 이 교재의 집필에 참여해 주신 분들의 노고를 잊을 수 없다. 처음 시작할 때와 달리 갈수록 많아지는 일에 대한 부담을 짊어지면서도 열정적으로 편찬 작업에 임해 준 다섯 분(이훈, 차준우, 이혜선, 조윤희, 이찬희)의 책임 편집자가 없었다면 편저본이 나올 수 없었을 것이다.

고된 업무 속에서도 교재 편찬을 위해 적극 후원해 주신 한국어교육원 원장님과 담당자, 그리고 이익을 구하지 않고 교재 편찬의 필요성에 적극 동참하여 지원을 아끼지 않은 산학협력단 단장님 이하 여러분께도 감사의 말씀을 드린다. 또한 부담이 될 정도의 많은 화료(畵料)와 편집료를 감당해 가면서도 기꺼이 출판을 맡아주신 태학사의 지현구 사장님과 편집진들께도 지면으로나마 감사의 말씀을 전한다.

모두 다 알다시피 교재에서 완성판이란 존재하지 않는다. 앞으로도 계속해서 한국어 교육에 관한 좋은 이론과 방법이 나올 것이고, 그에 따라 또 교재를 개편하는 작업을 해 나가야 할 것이다. 사회적인 분위기나 기술의 발달로 인해 변화의 속도가 빠른 만큼 앞으로는 디지털 교재(E-BOOK)를 추진할 필요가 있다. 한글이 세계에서 가장 우수한 문자이듯이 한국어도 세상에서 가장 배우기 쉽고, 재미있는 언어라는 생각이 들도록 중앙대학교 한국어교육원이 책임감을 가지고 교재를 편찬하고, 교육 방법을 개발해 나갈 것이다.

2018년 3월 1일

대표저자 이찬규(중앙대학교 국어국문학과 교수)

《알기 쉽고 재미있는 중앙 한국어》는 외국어로서의 한국어를 배우는 외국인들을 위해 중앙대학교 한국어교육원이 개발한 한국어 교재이다. 이를 위해 일상생활에 필요한 기초적인 의사소통 능력을 기를 수 있는 주제부터 전문적이고 추상적인 주제까지를 포함하고 있다. 이 내용을 듣기, 말하기, 읽기, 쓰기 기능별로 연습 및 언어 활동이 가능하도록 구성하였다.

1 배워 봅시다

어휘 단원의 주제와 관련된 어휘를 사진 또는 삽화와 함께 제시하여 쉽고 재미있게 어휘를 학습할 수 있도록 하였다. 구 단위의 표현, 상투적인 표현 등을 포함하여, 단원에 따라서 간단한 연습 활동을 제시하여 수업 시간에 활용하거나 학습자 스스로 학습이 가능하도록 하였다.

문법 형태 정보: 목표 문형의 형태 결합 정보를 대표적인 예와 함께 제시하였다.
예문: 한국어의 다양한 형태 결합을 보여 줄 수 있는 예문을 단문 또는 담화문으로 제시하여 전형적인 사용 환경을 학습할 수 있도록 하였다. 가능한 한 일상생활과 밀접한 실제적 예문을 제시하여 실용성을 높이고자 하였다.

2 연습

연습해 봅시다

연습 활동을 통하여 목표 문형의 형태 결합 연습, 의미 확인 학습 및 사용이 가능하도록 하였다.

3 대화해 봅시다

제목 단원의 주제와 주요 목표 문형을 포함하는 문장으로 제시하였다.

삽화 대화문을 제시하기 전에 그 내용을 삽화로 제시하여 대화문의 내용 이해를 돕고, 대화문 학습을 위한 도입 자료로 활용할 수 있도록 하였다.

대화문 단원의 주제와 목표 문형을 포함한 문장으로 구성하였다. 단원을 도입하고 목표 문형이 사용되는 전형적인 환경을 구어 상황에서 학습할 수 있도록 하였다.

단어와 표현 대화문에 처음 출현한 어휘로 상용구, 상투적인 표현 등 다양한 유형의 어휘를 함께 제시하였다.

4 활동

들어 봅시다

다양한 유형의 활동을 통하여 한국어 듣기 능력을 기를 수 있도록 하였다.

말해 봅시다

다양한 유형의 활동을 통하여 종합적인 구어 사용 능력을 기를 수 있도록 하였다.

읽어 봅시다

다양한 유형의 활동을 통하여 한국어 읽기 능력을 기를 수 있도록 하였다.

써 봅시다

다양한 유형의 활동을 통하여 한국어 쓰기 능력을 기를 수 있도록 하였다.

이 교재의 듣기 파일은 중앙대학교 언어교육원 홈페이지에서
다운 받을 수 있습니다. http://korean.cau.ac.kr

| 각 과별 주제 및 문형과 표현 일람표 |

과	주제	제목	문법
1과	수강 신청	수강 신청은 여간 힘든 게 아니에요	• N끼리 • A/V-(으)나 // N(이)나 • A/V-(으)ㄴ/는 탓에 // N인 탓에 // V(과거)-(으)ㄴ 탓에 • 여간 A/V-(으)ㄴ/는 게 아니다 // 여간 A/V-(으)ㄴ/는 N이/가 아니다
2과	교내 예절	실례를 무릅쓰고 전화 드립니다	• N째 • V-아/어 버릇하다 • N을/를 무릅쓰고 • N에 불과하다
3과	교육 제도	열심히 하기는 하는데 너무 어려워요	• N까지 // A/V-기까지 • V-아/어 치우다 • A-기는 한데 // V-기는 하는데 (A/V-기는 했는데) • V-는 사이에
4과	건강과 질병	그 사람이 아프다니요?	• N껏 • A/V-다니요? // V-ㄴ/는다니요? // N(이)라니요? • N만큼 // A/V-(으)ㄹ 만큼 • V-느니 차라리
5과	관공서 이용	지금 가 봤자 직원을 못 만날 거예요	• N마저 • V-기 십상이다 • A/V-아/어 봤자 • V-도록

과	주제	제 목	문 법
6과	서울 타워	서울 타워에 간다면 야경을 감상할 거예요	• A-다면 // V-ㄴ/는다면 // N(이)라면 • V-는 김에 • N이/가 그만이다 • V-(으)려던 참이다 / 참이었다
7과	한국의 바다	바다로 여행을 가자면 준비할 게 많아요	• V-자면 • N와/과 동시에 // V-는 동시에 // N인 동시에 • A/V-아/어서 그래요 // N(이)라서 그래요 • N에/에게 달려 있다 // V-기에/느냐에/는가에 달려 있다
8과	탈춤	마당놀이가 흥겹더라고요	• N당 • A/V-던 // N(이)던 • A/V-더라고요 // N(이)더라고요 • A/V-거나 말거나
9과	다도	차를 마시니 마음의 여유가 생기던데요	• N(이)야말로 • A/V-더라도 • A/V-던데요 // N(이)던데요 • V-(으)려고만 들다
10과	명절 놀이	윷놀이가 이렇게 재미있다니	• N(으)로서 • A/V-듯(이) • A/V-다니 // N(이)라니 • V-(으)ㄹ락 말락 하다

| 차례 |

1과

수강 신청은 여간 힘든 게 아니에요

– 대학에 가면 어떤 과목이 듣고 싶어요? –

배워 봅시다

적성	장래 희망	전공과목	교양 과목	강의 계획서	학점
수강	청강	신청	변경	경쟁률	초과
제한	학사 경고	개강 / 종강	급하다	유용하다	고려하다

연습

1. 다음 (   )에 알맞은 단어를 쓰십시오.

개강　　종강　　학점　　적성　　수강 신청

(1) 한 학기에 21(   )만 신청할 수 있어요.

(2) 자신의 (   )을 고려하여 전공을 선택해야 해요.

(3) 새 학기가 시작되기 전에 학교 홈페이지에서 (   )을 해야 해요.

(4) 대학은 한 학기가 보통 16주인데 학기가 시작되는 것을 (   )이라고 하고 끝나는 것을 (   )이라고 합니다.

2. 다음 (   )에 알맞은 단어를 쓰십시오.

유용하다　　급하다　　고려하다

(1) 가: 대학에 입학한 기념으로 드리는 제 선물이에요.
나: 노트북이군요? 감사합니다. 대학 생활에 매우 (   ) 것 같아요.

(2) 가: 전공은 무엇을 (   ) 정해야 할까요?
나: 여러 가지 (   ) 것이 많지만, 저는 적성에 맞는 것이 가장 중요하다고 생각해요.

(3) 가: 이 전공은 제 적성에는 맞지만, 경쟁률이 높아서 입학하기가 어려울 것 같아요. 다른 전공을 선택하는 게 어떨까요?
나: (   ) 결정하지 말고 다시 한번 생각해 보세요.

3. 다음 (   )에 필요한 단어를 쓰십시오.

변경하다　　　청강하다　　　수강하다

마이클은 지금 어떤 과목을 신청해야 할지 고민하고 있습니다. 수진이는 마이클에게 교양 중국어 과목을 추천했습니다. 수진이도 1학년 때 이 과목을 들었는데 교수님께서 어려운 중국어 발음을 재미있게 잘 가르쳐 주셔서 좋았다고 합니다.

왕명은 마이클에게 교양 과목으로 테니스 수업을 함께 (   )자고 했지만, 테니스 수업은 전공과목과 같은 시간에 있어서 신청할 수 없었습니다. 그래서 두 사람은 테니스가 아니라 볼링 수업을 같이 듣기로 했습니다. 왕명은 이미 테니스 수업을 신청했기 때문에 수강 신청을 (   ) 해야 합니다.

마이클은 이제 수강 신청을 끝냈지만, 너무 많은 과목을 신청한 것 같아 걱정이 됩니다. 마이클은 교양 중국어 과목을 듣지 않고 3과목만 듣기로 하였습니다. 대신 이 과목은 교수님께 허락을 받고 (   )기로 하였습니다. 요즘 중국어가 정말 배우고 싶기 때문입니다.

4. 같은 강의 계획서로 알 수 있는 내용은 무엇입니까? ✓ 표시하십시오.

- ☐ 담당 교수
- ☐ 수강 신청 방법
- ☐ 교수 연락처
- ☐ 과제
- ☐ 강의 목표
- ☐ 강의 교재
- ☐ 과목명
- ☐ 수업 방식

교과목명	글쓰기 1	**이수 구분**	교양
담당 교수	김철수	**전화번호**	02-820-3423
강의 시간 / 강의실	화 1, 2 / 107관 303강의실	**휴대 전화번호**	010-8293-3773
연구실 위치	107관 404	**E-mail**	kim1004@hanmail.net
과목 목표	본 강의는 외국인들을 대상으로 하여 글쓰기 원리에 대한 기초적 지식을 배우고 실습을 통해 신입생이 갖추어야 할 자기표현 능력을 기르는 데 목적을 두고 있다.	**강의 진행 방식**	이론 강의와 조별 활동을 통한 실습수업
평가 방법	중간고사(30%), 기말고사(30%), 과제(20%), 수업 태도(10%), 출석(10%)	**과제**	매 과의 글쓰기 활동 (조별 글쓰기)
교재	글쓰기 1, 이찬규 외 중앙대학교 출판부		

N끼리

주말에 산악회 회원끼리 설악산에 갈 것이다.

학생들끼리 모여서 교실을 깨끗하게 청소했다.

같은 반 친구끼리 모여서 공부하는 것이 효과적이다.

휴일에 가족끼리 여행 갈 만한 장소를 찾기가 쉽지 않다.

올림픽에 참가한 선수들끼리 같은 비행기로 한국에 돌아왔다.

연습

(1) 책장에 같은 분야의 ____________ 정리했다.

(2) ____________ 이번 주에 경주로 여행을 간다.

(3) 새해에 한 번은 ____________ 모여서 파티를 한다.

(4) 같은 학과 ____________ 모여서 체육 대회에 참가했다.

(5) 같은 나라 ____________ 서로 도우면서 유학 생활을 한다.

(6) 설날에는 고향에 가서 ____________ 모여서 윷놀이를 한다.

(7) 같은 학년을 가르치는 ____________ 모여서 시험 문제를 출제했다.

A/V-(으)나 // N(이)나

새로 산 휴대전화의 기능은 좋으나 가격은 비싸다.

친구는 매우 슬펐으나 우리들 앞에서 눈물을 참았다.

밖에 눈은 내리나 춥지는 않다.

기말시험은 끝났으나 과제가 아직 남았다.

외모는 외국 사람이나 한국 사람처럼 말한다.

연습

(1) 제 친구는 ________________ 잘난 척해서 인기가 없다.

(2) 대학교 입학시험에는 ________________ 한국어 능력 4급 시험에는 합격하지 못했다.

(3) 선생님 말씀은 잘 ________________ 부모님 말씀은 잘 듣지 않는다.

(4) 그 신발은 보기에는 ________________ 색깔이 마음에 들지 않는다.

(5) 얼굴을 보면 ________________ 말하는 것을 보면 한국 사람 같다.

(6) 그 노래를 ________________ 노래를 부른 가수는 좋아하지 않는다.

(7) 옛날에는 ________________ 지금은 부지런하지 않다.

A/V-(으)ㄴ/는 탓에 // N인 탓에 // V(과거)-(으)ㄴ 탓에

···› N 탓에 // A/V-(으)ㄴ/는 탓이다

가: 어디 아파요?
나: 요즘 바쁜 탓에 잠을 못 잤어요.

가: 왜 그래요? 무슨 일 있어요?
나: 눈이 너무 많이 오는 탓에 여행을 갈 수 없게 되었어요.

가: 왜 동생과 함께 영화를 보지 못했나요?
나: 동생이 고등학생인 탓에 극장에 들어가지 못했어요.

연습

(1) 가: 원래는 어제가 도착하는 날 아니었어요? 왜 오늘 오셨어요?

나: 어제 여권을 ______________________ 도착이 늦어졌어요.

(2) 가: 왜 아직 청소를 다 끝내지 못했어요?

나: 제가 너무 ______________________ 아직 청소를 못 했어요.

(3) 가: 친구와 왜 싸웠어요?

나: 제가 ______________________ 싸움이 시작되었어요.

(4) 가: 교통사고가 왜 났어요?

나: 제 성격이 ______________________.

(5) 가: 왕명 씨가 왜 화가 났어요?

나: ______________________.

여간 A/V-(으)ㄴ/는 게 아니다 // 여간 A/V-(으)ㄴ/는 N이/가 아니다

··· 여간 A/V-지 않다

가: 수강 신청이 참 힘들지요?
나: 맞아요. 수강 신청은 여간 힘든 게 아니에요.

가: 필요한 책을 왜 사지 못했어요?
나: 요즘 돈이 여간 부족한 게 아니거든요.

가: 청소를 해야 하는데, 참 귀찮네.
나: 맞아. 청소는 여간 귀찮은 일이 아니야.

연습

(1) 가: 왜 이렇게 회의가 오래 걸려요? 중요한 문제가 있나 봐요?

나: 네, 이번 문제는 ______________________.

(2) 가: 요즘 몸은 어때요?

나: 요즘 매일 늦게까지 공부해서 ______________________.

(3) 가: 오늘 날씨가 많이 추워요?

나: 네, 눈이 와서 날씨가 ______________________.

(4) 가: 교수님께서 보고서를 다시 써서 내라고 하셨어요?

나: 네, 보고서 쓰는 일은 ______________________.

(5) 가: 어제 사장님께 그런 말을 들어서 많이 속상했겠군요.

나: ______________________________________.

대화해 봅시다

여러분은 어떤 전공을 선택했습니까?
전공은 언제 선택했습니까?

- [ ] 한국에 오기 전
- [ ] 교육원에 다니면서
- [ ] 원서 접수 기간

여러분은 전공 선택에 대해 누구하고 상담을 했습니까?

- [ ] 부모님
- [ ] 선생님
- [ ] 친구
- [ ] 스스로
- [ ] 적성 검사

왕명 이번에 어떤 수업을 신청할 거야?

진나 나는 볼링이나 심리학 수업을 듣고 싶으나 수업이 너무 일찍 시작해서 다른 걸 들을까 생각 중이야. 늦게 자는 게 버릇이 된 탓에 일찍 일어나는 게 여간 부담스러운 게 아니야.

왕명 그럼 오후 수업으로 들을 거야?

진나 응. 아침 수업은 좀 부담스러워. '기초 영어'는 어떨까?

왕명 나도 기초 영어를 들으려고 했는데 '회화 발표'가 있어. 괜찮겠어?

진나 어차피 공부해야 하니까 회화까지 완벽하게 해서 발표할 수 있으면 좋지.

왕명 진나야, '현대 미술의 이해'나 '결혼과 가족' 수업의 내용을 보니까 재미있을 것 같아. 둘 중 어느 것이 좋을까?

진나 넌 그림에 대해 관심도 많고 아는 것도 많잖아. 좋아하는 수업을 들으면서 학점도 잘 받을 수 있으니까 '현대 미술의 이해'가 너한테는 좋을 것 같아.

왕명 그렇지? 게다가 '결혼과 가족'은 토론식으로 진행되는 수업이라서 나에게는 안 맞을 것 같아.

진나 토론 수업? 친구끼리 토론해 보는 것도 재미있지 않을까? 하여튼 잘 생각해서 결정해 봐. 아, 다음 학기가 정말 기대된다.

1. 진나 씨가 듣고 싶어 하는 과목은 무엇입니까? 그리고 그것을 신청하지 않는 이유는 무엇입니까?

2. 왕명 씨가 '결혼과 가족' 수업을 듣지 않는 이유는 무엇입니까?

들어 봅시다

학교 생활에 대한 안내를 받는 방법에는 무엇이 있습니까?
수강 신청은 언제 합니까? 또 어디에서 합니까?

I 다음을 듣고 질문에 답하십시오.

1. 무엇에 대한 내용입니까?

① 수강 신청하는 방법
② 메일을 확인하는 방법
③ 학교 홈페이지에 가입하는 방법
④ 인터넷으로 음식을 주문하는 방법

2. 수강 신청 절차를 순서대로 나열하십시오.

① 홈페이지 접속	② 로그인	③ 강의 시간표
④ 강의 계획서 읽기	⑤ 종합 정보 시스템	⑥ 과목 이름 선택하여 수강 신청하기

① → (　　　　) → (　　　　) → (　　　　) → (　　　　) → ⑥

3. 수강 신청 기간은 언제입니까?

① 3월 3일~3월 7일

② 1월 1일~1월 10일

③ 2월 10일~2월 20일

④ 1월 20일~1월 25일

4. 들은 내용과 같은 것은 무엇입니까?

① 수강 신청의 절차는 매우 간단하다.

② 수강 신청은 학과 사무실에서 할 수 있다.

③ 수강 신청은 한 번 하면 절대로 바꿀 수가 없다.

④ 수강 신청 변경 기간은 3월 3일부터 7일까지이다.

MEMO

>>> 수강 신청 절차를 친구에게 이야기해 보십시오.

>>> 수강 신청을 하는 중에 어떤 문제가 생길 수 있습니까?
문제가 생기면 어떻게 해결하겠습니까?

Ⅱ 다음을 듣고 질문에 답하십시오.

1. 어떤 문제가 생겼습니까?

① 수강 신청한 과목을 삭제하고 싶다.
② 강의가 없어져서 수강 신청을 못 했다.
③ 인터넷이 되지 않아서 수강 신청을 하지 못했다.
④ 수강 인원이 제한되어서 전공과목을 신청하지 못했다.

2. 같으면 ○, 다르면 × 하십시오.

(1) 수강 신청 기간이 지났다. (   )
(2) 전공과목을 신청하기 위해 교수님께 직접 찾아갔다. (   )
(3) 남자는 이번 학기에 전공과목을 듣지 않으면 졸업을 할 수 없다. (   )
(4) 여자는 지난 학기에 컴퓨터 문제 때문에 제대로 신청하지 못했다. (   )

3. 이 두 사람은 문제를 어떻게 해결하기로 했습니까?

(   )

>>> 여러분이 남자의 입장이라면 어떻게 할 것 같습니까?
이 남자와 같은 문제가 생기지 않고 수강 신청을 잘하려면 어떻게 해야 합니까?

말해 봅시다

I 여러분은 어떤 이유 때문에 부정적인 결과가 나왔을 때 어떻게 말합니까?
'A/V-(으)ㄴ/는 탓에'를 사용해 친구의 고민에 대해 이야기해 보십시오.

보기
가: 무슨 고민이라도 있니? 얼굴이 안 좋아 보여.
나: 응. 수강 신청을 늦게 한 탓에 전공과목을 신청 못 했어.

가: 저런, 나도 지난 학기에 컴퓨터에 문제가 있어서 수강 신청을 하지 못한 적이 있어.
수강 신청은 여간 힘든 게 아니야.
나: 그럼 어떻게 하는 게 좋을까?

가: 교수님께 메일을 보내거나 조교 선생님을 찾아가 보는 게 어때?
나: 그래야겠다. 고마워.

1.

고민		상담	
원인	수강 신청을 늦게 하다	나의 경험	지난 학기에 컴퓨터에 문제가 있어서 수강 신청을 하지 못했다
결과	전공과목을 신청 못 하다	제안	교수님께 메일을 보내다 조교 선생님을 찾아가다

2.

고민		상담	
원인	성격이 소극적이다	나의 경험	
결과		제안	동아리에 가입해 친구를 사귀다

3.

고민		상담	
원인		나의 경험	밤마다 야식을 먹어서 5킬로그램이나 쪘는데 다시 빼기가 힘들다
결과	살이 많이 쪘다	제안	

Ⅱ 다음 강의 계획서를 보면서 수업 시간표를 짜 보십시오. 친구와 함께 수업을 듣고 싶다면 서로 서로 상의해서 같은 수업을 들어도 좋습니다.

학년	이수 구분	학점	과목명	강의 시간 (요일 / 교시)	수업 내용	수업 방식	평가 방식
			영화와 소설	화/1, 2	영화와 소설의 관계	이론과 발표	중간시험, 발표
			고전 문학의 이해	월/1, 2	한국 고전 문학 감상	이론	중간시험, 기말시험
			기초 프랑스어	목/7, 8	기초 문법, 작문, 회화	이론	중간시험, 기말시험
			결혼과 가족	목/1, 금/1	이성 교제, 배우자 선택에 관한 내용	이론과 토론	중간시험, 토론
1	교양	3	대중음악의 이해	월/5, 6	뮤직 비디오 만들기, 현대 대중음악 감상	이론과 실기	중간시험, 실기 시험
			글쓰기	수/3, 4	문장의 이해와 표현, 작문, 발표	이론과 발표	중간시험, 과제
			한국의 전통과 생활문화	금/1, 2	한국의 전통문화를 배우고 직접 체험	이론과 실기	중간시험, 과제
			생활 스포츠 (수영)	금/1, 2	수영 동작	이론과 실기	실기 시험
			생활 스포츠 (테니스)	금/3, 4	테니스 동작	이론과 실기	실기 시험

수강하고 싶은 과목과 그 이유	"A의 수업 내용을 보니까 재미있을 것 같아." "______ 아/어서 B 수업이 나에게 맞을 것 같아."
수강하고 싶지 않은 과목과 그 이유	"C 수업이 ______ (으)나 ______ 아/어서 다른 걸 들을까 생각 중이야." "______ (으)ㄴ 탓에 여간 부담스러운 게 아니야." "수업 방식을 보니까 ( )(으)로 진행되는 수업이라서 나에게 안 맞을 것 같아."
친구에게 추천하는 과목과 그 이유	"너는 ( )에 관심이 많으니까 A 과목이 너한테 좋을 것 같아."

읽어 봅시다

»» 수강 신청을 할 때에는 무엇에 유의해야 합니까?

I 다음을 읽고 질문에 답하십시오.

수강 신청 유의 사항
1. 수강 신청 기간 안에 신청해야 한다. 2. 반드시 15학점 이상은 신청해야 한다. 3. 한 학기에 신청할 수 있는 제한 학점은 21학점이다. 4. 같은 시간에 있는 과목을 신청하면 안 된다. 5. 4년 동안 140학점을 수강하고 전공과목을 42학점 수강해야 졸업할 수 있다. 6. 수강 변경은 인원이 남아 있는 과목만 신청할 수 있다. 7. 전 학기 성적이 4.0 이상인 학생은 3학점을 초과로 수강할 수 있다. 8. 전 학기 성적이 1.3 미만인 학생은 학사 경고를 받고 기숙사에 살 수 없다.

1. 다음은 어떤 의미인지 찾아보십시오.

학사 경고	초과 수강	제한 학점

① 성적이 매우 나쁠 경우 학교에서 미리 주의를 주는 것

② 한 학기에 수강 신청을 할 수 있는 학점 수가 정해져 있는 것

③ 정해진 과목 수보다 한 과목 혹은 두 과목을 더 수강할 수 있는 것

2. 어떤 학생의 1학기 평균 성적이 1.25점이라면 어떻게 됩니까?

( )

3. 어떤 학생의 1학기 평균 성적이 4.3점이라면 2학기에 최대 몇 학점까지 수강할 수 있습니까?

( )

4. 읽은 내용과 같은 것에 모두 표시하십시오.

- ☐ 반드시 15학점 이상은 신청해야 한다.
- ☐ 같은 시간에 있는 과목을 신청하면 안 된다.
- ☐ 전공과목을 40학점 수강해야 졸업할 수 있다.
- ☐ 수강 변경 기간에 모든 과목을 신청할 수 있다.

만일 '호신술' 과목이 있다면 선택하겠습니까?
과목을 선택하기 전에 이 과목에 대해서 먼저 무엇을 확인해야 합니까?

Ⅱ 다음을 읽고 질문에 답하십시오.

과목명	호신술	교수님	이소룡
장소와 시간	체육관 (수) 10:00~12:00	상담 가능한 시간	목 9:00~11:00
1. 과목 개요	현대 사회에서 우리는 많은 위험한 상황을 만날 수 있다. 그래서 자신을 보호할 수 있는 능력이 필요하다. 호신술은 자신뿐만 아니라 타인을 보호할 수 있는 방법이다. 이 과목을 통해서 호신술에 대해 이해하고, 그 방법을 배워서 일상생활에 적극적으로 활용할 수 있도록 한다.		
2. 수업 목표	위험한 상황에 대처하기 위해 어떻게 해야 하는지를 실습한다.		
3. 진행 방식	강의는 실습 중심으로 진행하나 기본적인 이론도 배운다.		
4. 평가 방법	출석 10% 과제 20% 이론 시험 30% 실습 40%		

1. 이 과목을 수강하면 어떤 내용을 배울 수 있습니까?

① 싸움에서 이기는 방법을 배운다.
② 자신만을 보호할 수 있는 방법을 배운다.
③ 위험한 상황에 잘 대처할 수 있는 방법을 배운다.
④ 상대방을 효과적으로 공격할 수 있는 방법을 배운다.

2. 이 과목에 대한 설명이 아닌 것을 고르십시오.

① 체육관에서 2시간 동안 수업한다.
② 목요일 10시 반에 가면 교수님과 상담할 수 있다.
③ 강의는 주로 이론 중심으로 진행하나 실습도 한다.
④ 호신술을 배워서 일상생활에 적극적으로 활용할 수 있게 한다.

3. 이 수업을 들으면 어떤 점이 좋을지 말해 보십시오.

써 봅시다

I 진나는 자기소개서를 쓰려고 합니다. 간단한 자기소개(고향, 가족, 취미, 성격 등), 한국에 온 이유, 대학 입학 후 계획 등을 쓰기로 했습니다. 다음 항목에 대해 쓰십시오.

자기소개

1. 고향
저는 중국 베이징에서 온 진나라고 합니다.

2. 가족 소개

3. 취미

4. 성격

5. 한국에 온 이유

6. 대학 입학 후 계획

Ⅱ 앞에서 정리한 내용을 이용해 자기소개서를 쓰십시오.

2과

실례를 무릅쓰고 전화 드립니다

– 학교에서 지켜야 할 예절에는 무엇이 있을까요? –

배워 봅시다

경우	버릇	안부	용건	옷차림	핑계
양해	윗사람 / 웃어른	당분간	공손하다	무례하다	수줍다
당황스럽다	어긋나다	공경하다	염려하다	마주치다	고개(를) 숙이다

연습

1. 다음 (   )에 알맞은 단어를 쓰십시오.

무례하다 　　 염려하다 　　 공손하다

(1) 가: 이번 시험에 합격하지 못하면 어쩌지?
　　나: (   ) 마. 열심히 했으니까 넌 꼭 합격할 거야.

(2) 가: 교수님께 문의 메일을 보내도 괜찮을까? (   ) 행동일까?
　　나: 글쎄, 그렇지 않을 거야. (   ) 메일을 써서 보내면 알려 주실 거야.

2. 다음 밑줄 친 단어와 바꿔 쓸 수 있는 단어를 쓰십시오.

마주치다 　　 안부 　　 수줍다 　　 양해를 구하다 　　 용건

지난 주말에 초등학교 때 담임 선생님을 영화관에서 1)우연히 만났다. 남자 친구와 데이트 중이었기 때문에 좀 2)부끄러웠지만 선생님께서는 반갑게 대해 주셨다.

그동안 선생님께서 3)잘 계시는지 소식이 궁금했는데 이렇게 뵙게 되어서 매우 반가웠다. 그래서 남자 친구에게 4)이해해 달라고 부탁하고 선생님과 함께 식사를 했다. 십 년이나 지났는데도 선생님께서는 달라지신 게 하나도 없었다. 이제부터는 특별한 5)볼일이 없어도 선생님께 자주 연락을 드려야겠다.

(1) 우연히 만났다 ···› ________________.

(2) 부끄러웠지만 ···› ________________.

(3) 잘 계시는지 소식 ⋯→ ______________________________.

(4) 이해해 달라고 부탁하고 ⋯→ ______________________________.

(5) 볼일 ⋯→ ______________________________.

3. 함께 쓸 수 있는 단어를 고르십시오.

짜증	화	안부	배탈	눈물	양해	소식	용서

~을/를 구하다	~이/가 나다	~을/를 내다	~을/를 전하다

4. 잘못된 곳을 찾아서 바르게 고치십시오.

(1) 가: 유미야, 가서 할머니 좀 데리고 올래?
나: 알겠어요, 엄마.

(2) 가: 이번 주말에 봉사 활동 갈 수 있니?
나: 글쎄, 집에 일이 있는지 부모님께 물어보고 알려 줄게.

(3) 가: 교수님, 이번 시험 성적을 지금 알 수 있을까요?
나: 미안하지만, 그건 지금 말씀드릴 수가 없다.

(4) 다른 사람에게 무례하지 마세요.

(5) 면접시험을 볼 때 깨끗한 옷차림을 입는 게 좋습니다.

N째

가: 오늘 첫 번째로 온 사람이 누구예요?
나: 왕명 씨가 첫 번째로 왔는데요.

가: 왕명 씨가 왜 두 시간째 울고 있는 거예요?
나: 여자 친구와 헤어졌다고 들었어요.

가: 미안해, 오래 기다렸지?
나: 왜 이렇게 늦었니? 이 커피가 벌써 세 잔째야.

연습

(1) 가: 이 음식점이 왜 유명해요?

나: 여기에서 ______________ 같은 음식을 팔고 있어서 그렇대요.

(2) 가: 진나 씨가 토니 씨와 싸웠어요?

나: 네, ______________ 말을 안 하고 있어요.

(3) 가: 벌써 이 버스가 ______________.

사람이 너무 많아서 탈 수가 없어요.

나: 어쩌죠? 이번에도 못 타면 지각할 거예요.

(4) 가: 너 진짜 배고팠구나. 이제 그만 먹어. 배탈 나겠어.

나: 별로 안 먹었어. 이제 겨우 ______________.

(5) 가: 왕명 씨, 어디 아파요? 얼굴이 안 좋아 보여요.

나: 네, 시험이 있어서 ______________ 밤을 새우고 있어요.

V-아/어 버릇하다

가: 요즘 왜 그렇게 늦게 자?
나: 방학이라서 늦게 자 버릇하니까 이제는 일찍 못 자겠어.

가: 이렇게 매운 음식을 잘 먹네요. 안 매워요?
나: 매운 음식을 먹어 버릇해서 괜찮아요.

가: 한국어를 잘하려면 어떻게 해야 해요?
나: 무엇보다도 계속 한국어로 말해 버릇해야 한국어를 잘하게 될 거예요.

연습

(1) 가: 왜 이렇게 시력이 안 좋아요?

나: 텔레비전을 누워서 ______________________.

(2) 가: 왕명 씨, 요즘에 살이 좀 찐 것 같아요.

나: 잠자기 전에 ______________________.

(3) 가: 사람들 앞에서 발표하는 것이 너무 떨려요.

나: 걱정하지 마세요. 자꾸 ______________________.

(4) 가: 저는 먹기만 잘하지 요리를 못하는데 어떻게 요리를 잘하세요?

나: 요리도 ______________________ 자연스럽게 잘하게 돼요.

(5) 가: 어디 아파요? 얼굴이 이상하네요.

나: 화장을 ______________________ 화장을 하면 어색해요.

N을/를 무릅쓰고

그들은 부모님의 반대를 무릅쓰고 결혼했다.

일출을 보기 위해 추위를 무릅쓰고 등산을 했다.

기자들은 전쟁 중에도 위험을 무릅쓰고 취재를 한다.

그 사람은 죽음을 무릅쓰고 기차에 뛰어들어 할머니를 구했다.

밤이 늦었지만 중요한 일이 있어서 실례를 무릅쓰고 전화를 했다.

연습

(1) 가: 유학을 가고 싶은데 유학 생활이 어렵지 않을까요?

나: 물론 어렵겠지요. 그렇지만 무슨 일이나 ______________ 끝까지 노력해야지요.

(2) 가: 왕명 씨, 어떻게 이런 미녀와 결혼하게 됐어요?

나: ______________ 그녀에게 공개적으로 프러포즈를 했어요.

(3) 가: 어제 축구 경기 봤어요? 정말 감동적이었어요.

나: 맞아요. 선수가 ______________ 끝까지 최선을 다하는 모습이 정말 멋있었어요.

(4) 가: 이렇게 더운데 어떻게 세 시간씩 운동을 했어요?

나: ______________.

(5) 가: 축제가 끝나고 인기가 많아진 이유가 뭐예요?

나: 축제 때 ______________.

더위를 무릅쓰고 / 부상을 무릅쓰고 / 부끄러움을 무릅쓰고 / 어려움을 무릅쓰고 / 창피함을 무릅쓰고

N에 불과하다

가: 성주야, 넌 영원한 사랑을 믿니?
나: 아니. 영원한 사랑은 모두 환상에 불과해.

가: 여보, 이번 생일에 반지를 사 줄 수 있어요?
나: 미안해. 나는 아직 가난한 유학생에 불과해.

가: 우리가 분명히 계약서에 썼으니까 그대로 될 거예요.
나: 우리가 쓴 계약서는 종이에 불과해요. 그 사람의 생각이 중요해요.

연습

(1) 가: 서울에 있는 대학교에 입학하기가 어려워요?

나: 모든 고등학생 중에서 서울에 있는 대학교에 입학하는 학생은 ______________.

(2) 가: 나이가 너무 많은데 대학교에 입학해서 공부할 수 있을까요?

나: 물론이에요. 나이는 ______________.

(3) 가: 시간이 없어서 숙제를 다 못 했어.

나: 그런 이유는 ______________.

(4) 가: 우와! 이번에 신인상을 받은 거야?

나: 응. 하지만 이건 훌륭한 배우가 되기 위한 ______________.

(5) 가: 성주가 유미와 사귄다는 얘기 들었어?

나: 듣긴 했는데. 그건 ______________.

시작	핑계	숫자	소문	13%

대화해 봅시다

교수님이나 윗사람에게 전화할 때는 어떻게 말하는 것이 예의일까요?
전화에서는 어떻게 인사를 하고 용건을 말해야 할까요?

왕명 교수님, 안녕하세요? 밤늦게 전화 드려 죄송합니다. 저는 왕명이라고 합니다.

교수 어, 그래. 무슨 일이에요?

왕명 네, 급하게 드릴 말씀이 있어서요. 제가 내일 학교에 못 갈 것 같은데요.

교수 저번에도 결석했는데 또 결석을 해요? 자꾸 결석해 버릇하면 안 돼요. 저번처럼 버스가 안 와서 학교에 못 왔다는 것은 핑계에 불과해요.

왕명 사실은 저희 아버지가 등산을 하다가 다치셔서 일주일째 입원해 계신다고 합니다. 너무 걱정이 되어서 집에 가 보려고 해요.

교수 저런, 염려가 많겠군. 결석 걱정하지 말고 잘 다녀와요.

왕명 늦은 시간에 정말 죄송합니다. 교수님께 말씀드리는 것이 예의인 것 같아 실례를 무릅쓰고 전화 드렸습니다.

교수 아니에요. 그건 어쩔 수 없는 일이니까 걱정하지 말고 아버님 잘 뵙고 와요.

왕명 그럼 다녀와서 찾아뵙겠습니다.

1. 왕명은 교수님께 왜 전화를 했습니까?

2. 왕명이 중국에 가야 하는 이유는 무엇입니까?

3. 왕명이 지난번에 결석한 이유는 무엇입니까?

들어 봅시다

식사하셨어요?	건강하시죠?	뭐 하고(어떻게) 지내셨어요?
저 왔어요.	만나서 영광입니다.	환영합니다.
그럼, 들어가세요.	수고하셨습니다.	또 만나요.
언제 밥이나 한번 먹어요.	전화할게요.	이만 들어가겠습니다.

위의 인사말 중에 여러분이 가장 자주 사용하는 표현은 무엇입니까?
그 표현을 어느 경우에 무슨 이유로 자주 사용합니까?

I 다음을 듣고 질문에 답하십시오.

1. 두 사람이 언제 이야기하고 있는 것 같습니까?

□ 수업 시간　　□ 쉬는 시간

2. 학생과 교사는 오늘 처음 만났습니까?

(　　　　　　　　　　　　　　　　　　　　)

3. 교사는 왜 당황했습니까?

① 몸이 불편했다.
② 학생이 인사를 하지 않았다.
③ 학생이 공손하지 않게 인사를 했다.
④ 학생이 처음 만난 것처럼 또 인사를 했다.

4. 다음 쉬는 시간에 복도에서 선생님을 또 만나면 어떻게 행동해야 합니까?

① 못 본 체한다.
② "안녕하세요?"라고 인사한다.
③ 웃으면서 고개만 숙여 인사한다.
④ "그동안 잘 지내셨어요?"라고 인사한다.

>>> 여러분은 자주 마주치는 사람에게 뭐라고 인사합니까? 언제나 "안녕하세요?"라고만 인사하지는 않습니까? 한국의 다양한 인사말과 표현에 대해 알아보십시오.

>>> 도서관에서 지켜야 할 예의는 무엇일까요?

Ⅱ 다음을 듣고 질문에 답하십시오.

1. 같으면 ○, 다르면 × 하십시오.

(1) 강의실이나 도서관에서 데이트를 하는 커플이 있다. (   )

(2) 남학생은 화려한 옷차림의 여학생을 좋아한다. (   )

2. 여학생은 왜 짜증이 났습니까?

(   )

3. 들은 내용에서 나온 주의할 점이 아닌 것은 무엇입니까?

① 책을 소리 내서 읽으면 안 된다.

② 지나치게 화려한 옷을 입지 않는다.

③ 향수 냄새가 심하지 않게 주의한다.

④ 옆 사람과 큰 소리로 이야기하면 안 된다.

말해 봅시다

I 다음의 의미와 느낌에 대해 생각해 보고, 친구와 연기해 보십시오.

분명하지 않은 태도로 대답할 때 •	• 어휴
상대방에게 동의할 때 •	• 세상에
결론을 내리기가 어렵거나 곤란해서 상황을 피하거나 정리할 때 •	• 그런가
	• 맞아
뜻밖의 일이 생겨서 놀랄 때 •	• 글쎄
상대방의 의견이 맞을 수도 있다는 생각이 들 때 •	• 어쨌든
일이 힘들거나 걱정이 있을 때 •	• 그렇지

학생(여) (　　　　), 정말 짜증 난다. 뭐 이런 경우가 다 있니?

학생(남) 왜 그래? 무슨 일인데?

학생(여) 글쎄, 도서관에 내 옆자리에 앉은 애들이 커플 같은데 말이야.
글쎄 계속 큰 소리로 웃고 이야기하는 거야.

학생(남) (　　　　)! 도서관이 데이트 장소도 아니고 그건 정말 너무하네.
다른 사람 생각도 좀 해야지.
학교에서 데이트를 할 때는 다른 장소에서보다 조심해야 하지 않겠어?

학생(여) (　　　　). 솔직히 수업 시간에도 그러는 애들이 있잖아.
그건 정말 남에게 피해를 주는 일인 거 같아.

학생(남) (　　　　). 서로 다정하게 지내는 것도 좋지만 남에게 실례가 되는 일은 하지 말아야지.
그런데 그런 것만 피해를 주는 건 아니야. 난 지나치게 화려한 옷차림 때문에 당황스럽거나 진한 향수 냄새 때문에 머리가 아픈 경우도 많아.

학생(여) (　　　　), 그래도 그건 개인의 자유인데, 뭐 그런 걸 가지고 그러니?

학생(남) (　　　　)? 어디까지가 예의고 어디부터가 실례인지는 좀 어려운 문제지.
(　　　　) 교내 예절을 잘 지키는 건 중요한 일인 것 같아.

Ⅱ 다음의 예절들은 어느 장소에서 필요한 예절들입니까? 어떤 예절이 더 있는지 함께 이야기해 보십시오.

자리를 맡아 놓지 않기	새치기하지 않기
신문은 반으로 접어서 읽기	음식 남기지 않기
휴대폰을 끄거나 무음 또는 진동으로 하기	

· 신문은 반으로 접어서 읽기

· ______________________________.

· ______________________________.

· ______________________________.

· ______________________________.

· ______________________________.

· 음식 남기지 않기

· ______________________________.

· ______________________________.

· ______________________________.

· ______________________________.

· ______________________________.

읽어 봅시다

한국어로 말할 때, 예의에 어긋나서 곤란했던 상황을 이야기해 보세요.

I 다음을 읽고 질문에 답하십시오.

(11월 11일 토요일)

오늘 교수님께 무례한 태도로 전화를 드리는 실수를 하였다.

아빠가 위험을 무릅쓰고 등산을 하시다가 다치셨다. 그래서 급하게 내일 집으로 가는 비행기 표를 예약했다. 그런데 결석을 하려면 미리 교수님께 말씀드려야 한다고 친구가 말해서 급하게 전화를 드렸다. 교수님께 "교수님, 안녕하세요? 저 진나인데요, 내일 수업에 못 갑니다."라고 말했다. 그런데 교수님께서는 나에게 다시 누구냐고 물어 보셨다. 나는 다시 한번 "저 진나인데, 내일 수업에 못 간다고요."라고 말했다. 교수님께서는 조금 당황스러워하시며 전화를 끊으셨다.

조금 이상한 생각이 들어 유미 씨에게 물어보니, 교수님께 전화할 때는, 먼저 직접 찾아뵙지 못하고 전화로 말씀드려 죄송하다고 말해야 한다고 했다. 그리고 교수님이나 윗사람과 통화할 때는 내가 먼저 전화를 끊어서는 안 된다는 것도 이야기해 줬다.

너무 급한 마음에 교수님께 큰 실례를 했다. 집에 다녀와서 직접 찾아뵙고 죄송하다고 말씀드려야겠다. 존댓말만 쓰면 공손한 것인 줄 알았는데 그게 아니었다.

찾아뵙다

1. 윗글에서 진나에게는 무슨 일이 있었습니까?

① 교수님께 존댓말을 쓰지 않았다.
② 교수님과 통화하면서 실수를 했다.
③ 교수님을 찾아뵙고 안부를 여쭸다.
④ 교수님과 마주쳤는데 실례를 범했다.

2. 윗글과 같은 상황에서 해야 하는 적절한 표현이나 태도는 무엇입니까?

(1) 교수님께 전화할 때 (　　　　　　　　　　)
(2) 윗사람과 통화할 때 (　　　　　　　　　　)

Ⅱ 다음을 읽고 질문에 답하십시오.

(9월 20일 수요일)

한국어로 예의를 지키면서 말하는 것이 너무 어렵다는 것을 깨달았다. 오늘 성주 씨가 나에게 말을 놓자고 했다. 나는 그동안 혹시 실수를 할까 봐 언제나 존댓말만 써 버릇했다. 그런데 존댓말이 항상 좋은 것만은 아니었다. 오히려 친한 친구끼리는 서로 존댓말을 쓰는 것이 자연스럽지 않다는 것을 알게 되었다. 지금까지 후배들이 나와 이야기할 때 당황스러워한 게 내가 후배들한테도 언제나 존댓말을 썼기 때문이라고 한다.

그리고 친구 사이에는 '성주 씨'가 아니라 '성주야'라고 부르는 것이 더 다정하고 친한 느낌이 든다고 한다. 계속해서 너무 공손하게 대하면 상대방과 별로 친해지고 싶지 않은 느낌이 들 수도 있기 때문이다.

나는 그냥 실례가 될까 봐 누구에게나 존댓말을 써 버릇한 것뿐인데, 한국에서는 언제, 어디에서, 누구에게 존댓말을 쓰느냐에 따라서 그 느낌이 다르다는 사실을 처음 알게 되었다.

깨닫다 / 말을 놓다 / 상대방

1. 윗글에서 성주가 진나에게 한 말이 아닌 것을 고르십시오.

① "진나야, 우리 이제 말을 놓는 게 어때?"
② "너랑 친하다고 생각했는데, 왜 계속 존댓말을 쓰니?"
③ "네가 '성주 씨'라고 계속 부르니까 별로 친하지 않은 것처럼 느껴져."
④ "네가 후배들에게도 존댓말만 써서 후배들이 너를 공손하다고 생각해."

2. 진나는 왜 누구에게나 존댓말을 써 버릇했습니까?

( )

3. 여러분은 진나처럼 모든 사람에게 언제나 존댓말을 쓰거나 또는 반말을 쓰지는 않습니까? 한국의 문화를 몰라서 윗사람에게 적절하지 못한 표현을 썼거나 행동을 했던 적이 있는지 이야기해 보십시오.

써 봅시다

Ⅰ 우리 주변에는 지하철, 도서관, 식당 등과 같이 많은 사람들과 함께 사용하는 장소가 많이 있습니다. 그런 장소에서 지켜야 할 예절에 대해 써 봅시다. 그리고 예절을 지켜야 하는 이유도 쓰십시오.

〈지하철〉

지켜야 할 예절
예절을 지켜야 하는 이유

〈도서관〉

지켜야 할 예절
예절을 지켜야 하는 이유

〈　　　　〉

지켜야 할 예절
예절을 지켜야 하는 이유

Ⅱ 우리 주변에는 다른 사람들과 함께 이용하는 장소들이 많이 있습니다. 그러한 장소에서 지켜야 할 예절에는 어떤 것이 있고, 예절을 지켜야 하는 이유에 대해 자신의 생각을 쓰십시오.

- 우리 주변에서 볼 수 있는 공공장소에는 어떤 곳이 있습니까?
- 그런 장소에서 지켜야 할 예절은 무엇입니까?
- 그런 장소에서 예절을 지켜야 하는 이유는 무엇입니까?

3과

열심히 하기는 하는데 너무 어려워요

– 학교생활에서 가장 어려운 점은 무엇입니까? –

배워 봅시다

교육 제도	조기 교육	영재 교육	가정 교육	평생 교육	수험생
치열하다	민감하다	유리하다	변덕스럽다	답답하다	단속하다
시정하다	좌우하다	지원하다	시달리다	취득하다	지식

연습

1. 다음 (   )에 알맞은 단어를 쓰십시오.

좌우하다 변덕스럽다 지원하다 시달리다 치열하다

(1) 매년 입시 경쟁이 더욱더 (   ).

(2) 어릴 때 작은 습관이 아이의 미래를 (   ).

(3) 그 친구는 쉽게 마음을 바꾸는 (   ) 면이 있다.

(4) 오랫동안 비가 오지 않아서 사람들이 가뭄에 (   ).

(5) 저는 올해 중앙대학교 경영학과에 (   )기로 결정하였습니다.

2. 다음 (   )에 알맞은 말을 쓰십시오.

수험생 민감하다 유리하다

(1) 가: 화장품을 새로 사서 발랐는데 계속 가려워요.

나: 피부가 (   ). 그럼 조심하셔야 해요.

(2) 가: 제가 가고 싶은 대학교에서는 면접을 중요하게 생각한대요.

나: 그래요? 그럼 한국말을 잘하니까 다른 사람들보다 (   ).

(3) 가: 늦게까지 공부한다고 했잖아. 왜 벌써 와?

나: 다음 주가 대학 입시여서 도서관이 (   )으로 가득 차서 자리가 없었어요.

3. 다음 중 밑줄 친 단어의 의미가 다르게 사용된 것을 고르십시오.

(1) 사실을 알면서도 말할 수 없어서 답답했다.

(2) 편지를 보냈지만, 그에게서 답장이 오지 않아 답답했다.

(3) 밥을 먹고 누워 있으니까 소화가 되지 않아 속이 답답했다.

(4) 1시간 동안 버스를 기다리기가 답답했지만 다른 방법이 없었다.

4. 아래의 (   )에 알맞은 단어를 쓰십시오.

가정 교육　　영재 교육　　조기 교육

우리는 교육을 통하여 지식을 쌓고 인격을 기르게 된다. 학교에서 받는 교육뿐만 아니라 집에서 받는 (   )은 한 사람의 인생에 매우 중요한 영향을 미친다. 최근에는 학교에 다니기 전부터 자녀에게 일찍 (   )을 시키는 부모들이 늘고 있다. 또한, 뛰어난 아이들만 대상으로 교육하는 (   )도 증가하고 있다.

MEMO

N까지 // A/V-기까지

비가 오는데 바람까지 불었다.

우리 집은 어머니뿐만 아니라 아버지까지 요리를 잘하신다.

잘못된 선택은 나뿐만 아니라 타인의 인생까지 망칠 수 있다.

이 음식은 영양이 풍부할 뿐만 아니라 맛있기까지 하다.

성주 씨는 멋있고 친절하기까지 해서 친구들에게 인기가 많다.

연습

(1) 가: 왕명 씨는 여자 친구가 그렇게 좋아요?

나: 그럼요. 제 여자 친구는 얼굴도 예쁘고 ________________.

(2) 가: 마이클 씨, 쓰기 숙제 다 했어요?

나: 네, 쓰기 숙제만 다 한 게 아니라 ________________.

(3) 가: 맛있는 음식이 정말 많이 있네요.

나: 한식, 일식 그리고 ________________ 제가 좋아하는 음식이 다 있군요.

(4) 가: 만난 지 100일 되는 날에 뭐했어?

나: 남자 친구가 ________________.

(5) 가: 바깥 날씨가 어때요?

나: ________________.

V-아/어 치우다

너무 배가 고파서 밥을 1분 만에 먹어 치웠다.

이사하면서 안 쓰는 물건은 모두 팔아 치웠다.

그는 순식간에 세계 신기록을 갈아 치웠다.

성주는 일을 아주 쉽게 해 치운다.

마이클은 10분 만에 숙제를 해 치우고 밖으로 나갔다.

연습

(1) 가: 어제 하루 종일 인터넷으로 뭘 했어요?

나: 오래된 가방과 옷을 모두 ______________________.

(2) 가: 식사 맛있게 하셨어요?

나: 네, 너무 맛있어서 하나도 남김없이 다 ______________________.

(3) 가: 힘든 청소를 쉽게 ______________________ 수 있는 방법이 없을까요?

나: 로봇 청소기를 한번 써 보세요. 혼자 돌아다니며 청소해 줄 거예요.

(4) 가: 이 영화는 상영되자마자 1위를 했지요?

나: 네, 이전의 기록을 ______________________.

(5) 가: 김 선생님이 내주신 숙제 다 했어요?

나: ______________________.

A-기는 한데 // V-기는 하는데 (A/V-기는 했는데)

가: 이 가방 살 거예요?
나: 예쁘기는 한데 비싸서 사고 싶지 않아요.

가: 밖에 날씨가 어때요?
나: 비가 오기는 하는데 많이 오지는 않아요.

가: 표정이 왜 그래요? 무슨 걱정이 있어요?
나: 공부를 하기는 하는데 성적이 오르지 않아요.

연습

(1) 가: 배낭여행 사진을 보니까 여행 가고 싶지 않아요?

나: ______________________ 돈도 없고 시간도 없어요.

(2) 가: 다음 달에도 회화 수업에 등록할 거예요?

나: 지금 학원에 ______________________ 다음 달에도 등록을 할지는 잘 모르겠어요.

(3) 가: 진나 씨 고향은 겨울에 가면 너무 춥지 않아요?

나: ______________________ 겨울에 오면 더 멋있는 곳이에요.

(4) 가: 왜 안 드세요? 맛이 없어요?

나: ______________________ 배가 불러서요.

(5) 가: 그 영화가 재미있었어요?

나: ______________________.

V-는 사이에

가: 성주 씨가 벌써 가게에 다녀왔네요?
나: 네, 우리들이 이야기하는 사이에 가게에 갔다 왔어요.

가: 우리가 모르는 사이에 그 사람의 실력이 많이 늘었어요.
나: 그래요. 우리도 열심히 노력합시다.

가: 왜 그렇게 표정이 안 좋아요?
나: 제가 잠깐 집에 갔다 오는 사이에 책이 없어졌어요.

연습

(1) 가: 잠깐 화장실에 ______________________ 지갑이 없어졌어요.

나: 그럼 한번 경비실에 가 보세요.

(2) 가: 남들이 ______________________ 놀아서 성적이 안 좋아요.

나: 다음에 열심히 공부하세요.

(3) 가: 아무도 ______________________ 그 사람이 결혼을 했다고 해요.

나: 정말이에요? 이유가 뭘까요?

(4) 가: 역시 성주는 정말 머리가 좋아요. 또 1등을 했어요.

나: 친구들이 공부를 안 하고 ______________________ 열심히 노력했기 때문이에요.

(5) 가: 환경 문제가 정말 심각한 것 같아요.

나: 맞아요. 경제가 ______________________ 환경 문제가 더 심각해졌어요.

대화해 봅시다

대학에서 공부할 때 무엇이 중요할 것 같습니까?

• 전공 지식 (   ) • 한국어 능력 (   ) • 기타 (   )

대학 수업을 잘 받기 위해 무엇이 가장 필요할까요? 순서대로 말해 보세요.

| 보기 | 말하기 듣기 쓰기 읽기

(   ) ⇒ (   ) ⇒ (   ) ⇒ (   )

선생님 왕명 씨, 4급에 올라가서도 열심히 공부하고 있지요?

왕 명 열심히 하기는 하는데 듣기가 잘 안 돼서 너무 고민이에요. 듣기만 아니면 잘 할 수 있을 것 같아요.

선생님 듣기의 내용도 점점 길어지고 속도도 빨라지니까 정말 그렇기도 할 거예요.

왕 명 선생님, 그런데 대학교에 들어가서 수업을 잘 들으려면 듣기를 잘해야 하잖아요. 무슨 좋은 방법이 없을까요?

선생님 라디오 프로그램 하나를 정해서 듣거나 매일 뉴스를 들어 보는 게 어때요? 실제로 한국 사람들이 말하는 것을 듣는 사이에 듣기 실력이 좋아질 거예요.

왕 명 그것도 좋은 방법인 것 같네요. 매일 뉴스를 들으면 한국어뿐만 아니라 한국에서 일어나고 있는 일들까지 알 수 있으니까 여러 가지로 도움이 될 것 같아요.

선생님 맞아요. 그 나라 언어를 배우려면 그 나라의 사회와 문화까지 알아야 해요.

왕 명 제가 처음 한국어를 배울 때에는 한국 노래를 들으면서 듣기 연습을 했었거든요. 이젠 4급이 되었으니까 좀 더 어려운 '한국 뉴스'에 도전해야겠어요.

선생님 요즘은 인터넷으로도 라디오나 뉴스를 쉽게 청취할 수 있으니까 오늘부터 한번 시작해 보세요.

왕 명 알겠습니다. 빨리 숙제를 해 치우고 한국 뉴스를 들어봐야겠어요.

1. 선생님은 왕명 씨에게 듣기 연습을 어떻게 하라고 했습니까?

2. 선생님은 언어를 배우려면 무엇을 알아야 한다고 말했습니까?

3. 여러분은 듣기 공부를 어떻게 하고 있습니까?

들어 봅시다

여러분은 좋아하는 라디오 프로그램이 있습니까?
라디오 프로그램에 여러분의 사연을 보내 본 적이 있습니까?

I 다음을 듣고 질문에 답하십시오.

1. 직장인 김지윤 씨의 고민은 무엇입니까?

① 회사를 그만두면 무엇을 해야 할지
② 회사 일을 잘하려면 무엇을 배워야 할지
③ 외국어와 요가는 어디에서 배우면 좋을지
④ 퇴근 후 시간을 이용하여 무엇을 할 수 있는지

2. 사이버 대학교의 장점은 무엇입니까?

① 좋은 수업을 무료로 들을 수 있다.
② 수업을 듣지 않고도 졸업장을 받을 수 있다.
③ 학교에 다니면서 많은 친구들을 사귈 수 있다.
④ 학교에 나가지 않아도 되므로 직장인에게 유리하다.

3. 다음 중 김지윤 씨가 퇴근 후에 할 수 있는 것은 무엇입니까?

① 가정 교육을 받는 것
② 라디오 진행자를 만나는 것
③ 사이버 대학교에서 일하는 것
④ 자격증 취득을 위해 공부하는 것

>>> 여러분은 몇 살까지 공부를 할 수 있다고 생각합니까?

Ⅱ 다음을 듣고 질문에 답하십시오.

1. 두 사람은 무엇에 대해 이야기하고 있습니까?

① 교육의 중요성
② 교육 기관의 발전
③ 학교 교육의 종류
④ 다양한 형태의 교육

2. 다음 중 영재 교육에 관한 설명으로 알맞은 것은 무엇입니까?

① 부모가 자녀의 인격 형성을 도와주는 교육
② 복잡해지는 사회에 적응하기 위해 필요한 교육
③ 특별한 재능을 일찍 키우기 위해 실시하는 교육
④ 학교에 가기 전 아이의 잠재 능력을 키워주는 교육

3. 같으면 ○, 다르면 × 하십시오.

(1) 학교 교육에는 영재 교육, 조기 교육이 포함된다. ( )
(2) 조기 교육은 과학이나 예술 분야에서만 많이 실시된다. ( )
(3) 영재는 이미 뛰어난 학생이므로 천천히 가르쳐도 된다. ( )
(4) 평생 교육은 남녀노소 누구나 대상이 될 수 있다. ( )

말해 봅시다

I 여러분은 한국 생활이 어떻습니까? 다 마음에 듭니까? 마음에 드는 것도 있고 마음에 들지 않는 것도 있을 때 어떻게 말합니까? 'A-기는 한데, V-기는 하는데'를 사용해서 이야기해 보십시오.

보기
가: 한국 생활이 어때요?
나: 한국에 오니까 자유롭게 생활할 수도 있고 한국 사람과 많이 이야기할 수 있기는 한데 고향 음식을 먹을 수가 없어요. 그것만 아니면 다 좋아요.

	좋은 점	안 좋은 점
한국 생활	• 자유롭게 생활할 수 있다. • 한국 사람과 많이 이야기할 수 있다. •	• 고향 음식을 먹을 수 없다. • 명절에 외롭다. •
한국어 수업	• 선생님이 친절하다. • 문법을 자세히 배울 수 있다. •	• 수업 시작 시간이 이르다. • 여러 나라 학생들이 섞여 있지 않다. •
집	• 지은 지 얼마 안 되어 깨끗하다. • 교통이 편리하다. •	• 인터넷이 안 된다. • 에어컨이 없다. •
인터넷 쇼핑	• 물건을 여러 사이트에서 비교해 보고 살 수 있다. • •	• 물건을 직접 볼 수 없다. • 교환이나 환불이 불편하다. •

Ⅱ 여러분이 한국어를 배우면서 가장 어려운 것은 무엇입니까? 그리고 가장 자신 있는 것은 무엇입니까? 그리고 한국어를 잘하기 위한 자신만의 방법은 무엇인지 이야기해 보십시오.

[보기]

	어휘 문법	말하기	듣기	읽기	쓰기
어려운 것		✓			
자신 있는 것			✓		

어려운 것	자신 있는 것
말하기	듣기
[이유] 한국어로 말하려면 아무 생각이 나지 않아요. 다른 사람이 내 말을 이해하지 못해 답답해요. 한국어로 말할 때 맞는 문법인지 생각하는 시간이 많아요.	[공부 방법] 한국 드라마를 자막 없이 봐요. 한국 노래를 하루에 1시간씩 들어요. 좋아하는 가수가 진행하는 라디오를 매일 들어요.

	어휘 문법	말하기	듣기	읽기	쓰기
어려운 것					
자신 있는 것					

어려운 것	자신 있는 것
[이유] • • •	[공부 방법] • • •

읽어 봅시다

>>> 과거의 학생들은 글을 배우기 위해서 어디로 갔을까요?

I 다음을 읽고 질문에 답하십시오.

서당은 한국의 옛날 사설 교육 기관입니다. 이것은 고려 시대에 처음 시작돼서 조선 시대까지 있었습니다. 서당에서 공부하는 학생들은 보통 7세부터 16세의 아동들이었으며 20세 내지 25세 이상의 성인도 있었습니다.

서당의 선생님은 '훈장'이라고 불렀습니다. 훈장은 자격이 필요한 것은 아니었습니다. 주로 가르치는 일을 중요하게 생각하는 사람이나 나라의 일을 하다가 그만둔 사람들이 하는 경우가 많았습니다. 때로는 부유한 집의 아이 하나를 가르치기 위해서 동네의 다른 아이들을 함께 모아 가르치기도 하였는데 이것이 곧 서당이 되기도 했습니다.

훈장에게는 곡식을 드리기도 하고 가족이 없는 훈장에게는 의복이나 식사 또는 빨래도 해 드렸습니다. 입학하는 날 학생들은 훈장에게 술이나 닭을 선물했습니다. 서당에서 공부를 한 학생들은 나라 일을 할 사람을 뽑는 시험을 보기도 하였습니다.

내지 / 자격 / 부유하다 / 의복

1. 훈장님에 대한 설명 중 틀린 것을 고르십시오.

① 누구나 할 수 있었다.
② 가르치는 것을 좋아하는 사람이었다.
③ 나라 일을 하다가 그만둔 사람이었다.
④ 가르치는 자격증을 가진 사람이었다.

2. 서당에 다니는 학생들은 어떤 사람들이었습니까?

서당에 다니는 학생은 주로 (   )

3. 읽은 내용과 다른 것을 고르십시오.

① 훈장은 서당의 선생님을 부르는 말이다.
② 서당은 개인이 운영하는 교육 기관이었다.
③ 서당은 누구나 다녀야 하는 교육 기관이었다.
④ 20세가 넘은 학생들도 서당에서 공부할 수 있었다.

>>> 여러분 나라에서 한국의 서당과 같은 역할을 한 교육 기관의 이름은 무엇입니까?

Ⅱ 다음을 읽고 질문에 답하십시오.

여러분은 '기러기 아빠'라는 말을 들어 본 적이 있습니까? 한국에서 '기러기 아빠'는 아내와 함께 아이들을 외국으로 유학 보내고 혼자 생활하는 아빠를 말합니다. 현재 수만 명의 한국 학생들이 뉴질랜드나 미국, 캐나다 등 영어권 나라에서 공부하고 있다고 합니다.

이렇게 '기러기 아빠'가 늘어나는 것은 한국 부모들의 높은 교육열 때문입니다. 그들은 영어를 공부하는 데에 한국이 영어권 국가만 못하다고 생각합니다. 그래서 자녀들이 더 좋은 영어 교육을 받을 수 있도록 유학을 보내고 '기러기 아빠'가 됩니다. 이렇게 높은 한국의 교육열은 한국이 출산율이 아주 낮은 이유가 되기도 합니다. 한국의 교육열은 세계 최고 수준인 반면에 출산율은 세계 최저 수준인데 이것은 교육비가 너무 많이 든다는 이유로 아이를 낳지 않기 때문입니다.

그러나 모든 '기러기 가족'이 기대만큼 좋은 결과를 얻지는 못합니다. 외국으로 나간 아이들이나 남아 있는 '기러기 아빠'에게나 좋지 않은 일이 생기는 경우도 많습니다. 이런 현상에 대해 한국인들은 걱정하고 있지만, 앞으로 '기러기 가족'이 줄어들 것이라고 생각하지는 않는 것 같습니다.

기러기 / 영어권 / 교육열 / 출산율

1. '기러기 아빠'는 어떤 사람입니까?

① 아이들과 함께 외국에 가서 사는 아빠
② 아내와 아이들과 함께 외국에서 사는 아빠
③ 아이들을 외국에 보내고 아내와 함께 사는 아빠
④ 아내와 아이들을 외국에 보내고 혼자 사는 아빠

2. '기러기 아빠'와 같은 현상에 대한 설명 중 맞는 것은 무엇입니까?

① 한국의 출산율이 낮기 때문에 생기는 현상이다.
② 한국의 교육 환경이 좋기 때문에 생기는 현상이다.
③ 한국 부모의 교육열이 높기 때문에 생기는 현상이다.
④ 한국의 부부 문제가 심각하기 때문에 생기는 현상이다.

3. 이 글을 읽고 같으면 ○, 다르면 × 하십시오.

(1) 한국에서의 영어 교육이 충분하다고 생각한다. ( )

(2) 한국의 출산율은 다른 나라에 비해 높은 편이다. ( )

(3) 교육비 때문에 아이를 낳지 않으려는 사람이 있다. ( )

(4) 한국 학생들은 영어를 사용하는 나라로 유학을 많이 간다. ( )

4. 이 같은 현상에 대해 많은 한국인은 어떻게 생각합니까?

( )

5. 여러분 나라에서도 '기러기 아빠'와 같은 사람들이 있습니까? 이러한 현상에 대해 어떻게 생각합니까? 함께 이야기해 보십시오.

써 봅시다

Ⅰ 여러분은 조기 유학에 찬성합니까, 아니면 반대합니까? 조기 유학의 장점과 단점에는 무엇이 있습니까?

장점	• 언어 능력 향상에 효과적이다. • 다른 문화를 경험할 수 있다. • •
단점	• 비용이 많이 든다. • 어린 나이에 가족과 떨어지기 때문에 정서적인 문제가 생길 수 있다. • •

Ⅱ '조기 유학'에 대하여 찬성 또는 반대하는 상황에서 아래의 빈칸을 채워 봅시다.

	찬성	**반대**
제목		
서론	조기 유학을 떠나는 학생들의 수가 점점 증가하고 있다.	조기 유학에 실패한 사례들을 종종 접하게 된다.
본론	1. 2. 3.	1. 2. 3.
결론	이와 같이 조기 유학은 ________ ________ ________ 따라서 가능하면 어린 나이에 유학을 가는 것이 좋다.	이와 같이 조기 유학은 ________ ________ ________ 따라서 조기 유학은 신중하게 결정하는 것이 좋다.

Ⅲ 조기 유학에 대해 찬성 또는 반대하는 입장에서 글을 쓰십시오.

- 조기 유학은 무엇입니까?
- 조기 유학에 찬성합니까, 아니면 반대합니까?
- 그렇게 생각한 이유는 무엇입니까?

100

200

300

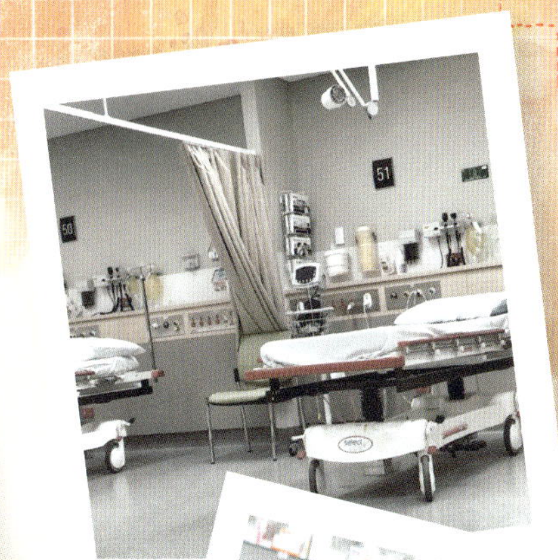

4과

그 사람이 아프다니요?

– 건강해지려면 어떻게 해야 돼요? –

배워 봅시다

청결	체질	전염	과로	증세	예방
자존심	균형	환절기	만성	상징	규칙적
철저히	콜록콜록	처방하다	굵다	가렵다	건조하다
복용하다	느긋하다	고민	유연하다	구부리다	

연습

1. 다음 설명에 맞는 단어를 쓰십시오.

규칙적 콜록콜록 예방 청결

(1) 맑고 깨끗함 (　　　)

(2) 기침하는 소리 (　　　)

(3) 일정한 질서가 있거나 그 질서를 따르는 것 (　　　)

(4) 질병이나 문제가 발생하기 전에 미리 막는 일 (　　　)

2. 다음 (　　　)에 알맞은 단어를 쓰십시오.

과로 증세 전염 만성

(1) 의사는 환자의 (　　　)에 따라 다양한 약을 처방한다.

(2) 선생님은 오늘 (　　　)로 쓰러지셔서 학교에 나오지 못하셨어요.

(3) 눈병에 걸린 사람과 같은 수건을 사용하면 눈병이 쉽게 (　　　) 된다.

(4) 저희 할아버지께서는 옛날부터 두통으로 계속 고생하시다가 두통이 (　　　)이 되었어요.

3. 다음 단어와 뜻이 비슷한 말을 연결하십시오.

(1) 과로하다 •	• 계절이 바뀌는 시기
(2) 환절기 •	• 일을 너무 많이 하다
(3) 복용하다 •	• 약을 먹다

4. 다음에 공통적으로 들어가는 단어를 골라 알맞게 쓰십시오.

균형　　체질　　자존심

(1) ㄱ: (　　　　　　)이 맞다.
ㄴ: (　　　　　　)이 깨지다.

(2) ㄱ: (　　　　　　)이 강하다.
ㄴ: (　　　　　　)이 상하다.

(3) ㄱ: 그 사람은 많이 먹어도 살이 찌지 않는 (　　　　　　)이다.
ㄴ: 사람마다 (　　　　　　)에 맞는 운동이 따로 있다.

5. 다음 단어를 연결해 보십시오.

감기 + 걸리다 ⇨ 감기에 걸리다

• 설사	• 다리	• 화상
• 배탈	• 손가락	• 발목
• 열	• 멍	

• 들다	• 입다	• 부러지다
• 나다	• 삐다	• 베다

.

.

.

.

.

.

.

N껏

올림픽을 보면서 목청껏 응원을 했다.

맛있는 음식이 넉넉해서 마음껏 먹었다.

쉽게 문이 열리지 않아서 힘껏 문을 밀었다.

초대한 손님을 위해서 정성껏 음식을 준비했다.

사람들은 무서워하며 말을 못 했지만 나는 소신껏 내 생각을 말했다.

연습

(1) 시험이 끝났으니 (소신껏, 마음껏) 쉬어야겠다.

(2) 어머니가 우리를 위해 (정성껏, 정도껏) 요리를 하셨다.

(3) 화가 난 친구는 가방을 아주 세게 (힘껏, 목청껏) 던졌다.

(4) 일을 할 때는 항상 정성을 다해 (양껏, 성의껏) 하는 편이다.

(5) 내 친구는 가르쳐 주지 않아도 요리를 (소신껏, 재주껏) 꽤 잘한다.

(6) 음식을 많이 준비했으니 드실 수 있을 정도로 (양껏, 재주껏) 드세요.

(7) 옳은 일이라면 다른 사람을 생각하지 말고 (재주껏, 소신껏) 해야 합니다.

(8) 노래방에서 (성의껏, 목청껏) 노래를 불렀더니 스트레스가 사라지는 것 같다.

A/V-다니요? // V-ㄴ/는다니요? // N(이)라니요?

가: 저 사람 참 착한 것 같아요.
나: 착하다니요? 얼마나 나쁜 사람인데요.

가: 동생은 어제 학교 도서관에 갔어요.
나: 학교 도서관에 갔다니요? 어제 저하고 공항에 갔는데요.

가: 저분은 선생님이시죠?
나: 선생님이라니요? 학생이에요.

연습

(1) 가: 유미 씨, 내일 말하기 시험을 몇 시에 봐요?

나: ____________________? 말하기 시험은 다음 주에 보는데요.

(2) 가: 그 사람은 정말 마음이 넓은 것 같아요.

나: 마음이 ____________________? 그 사람은 작은 실수도 용서하지 않아요.

(3) 가: 제 생각에 그 친구는 시험에 떨어질 거 같아요.

나: ____________________? 그렇게 열심히 공부했는데 절대 떨어지지 않을 거예요.

(4) 가: 책상 위에 있는 책 좀 갖다 주세요.

나: ____________________? 책상 위에는 아무것도 없는데요.

(5) 가: 방이 크죠? 요즘 이렇게 큰 방은 없어요.

나: ____________________? 생각보다 많이 작은데요.

N만큼 // A/V-(으)ㄹ 만큼

가: 아내를 얼마나 사랑해요?
나: 하늘만큼 땅만큼 사랑해요.

가: 음식을 어느 정도 가져올까요?
나: 먹을 만큼만 가져오세요.

가: 그 영화배우를 실제로 보니까 어땠어요?
나: 숨을 쉴 수 없을 만큼 잘생겼어요.

연습

(1) 가: 어제 본 시험은 어려웠어요?

나: 아니요, 어린아이도 ________________ 쉬웠어요.

(2) 가: 결혼식 음식은 어땠어요?

나: 누구나 만족할 만큼 ________________.

(3) 가: 친구는 얼마나 그림을 잘 그려요?

나: ________________ 그림을 잘 그려요.

(4) 가: 그 사람이 부른 노래는 어떤 노래였어요?

나: 들으면 마음이 ________________ 슬픈 노래였어요.

(5) 가: 기차 안이 많이 시끄러웠어요?

나: 네, 옆 사람의 말소리도 ________________ 시끄러웠어요.

V-느니 차라리

가: 동생에게 그 일을 시켜 보세요.
나: 아니요, 동생에게 시키느니 차라리 내가 하는 게 더 나아요.

가: 자존심은 상하겠지만 먼저 미안하다고 말해 보세요.
나: 내가 먼저 사과하느니 차라리 그 사람을 만나지 않겠어요.

가: 좌석표가 모두 매진돼서 입석표만 남아 있어요. 그래도 구입하시겠어요?
나: 서서 오랫동안 가느니 차라리 여행을 포기하겠어요.

연습

(1) 가: 그 친구에게 비밀을 말해 보세요.

나: 그 친구에게 ______________ 모르는 사람에게 말하겠어요.

(2) 가: 지금까지 하던 아르바이트를 계속해 보세요.

나: 그 아르바이트를 계속 ______________ 용돈 없이 살겠어요.

(3) 가: 요가 하면 날씬해지니까 한번 해 봐.

나: 힘들게 ______________ 이대로 살래.

(4) 가: 그 사람은 좀 못생겼지만, 성격은 좋잖아요. 계속 만나 보세요.

나: 그 사람과 계속 ______________ 혼자 사는 게 낫겠어요.

(5) 가: 혼자라도 밥을 먹어야지. 안 먹으면 어떻게 해?

나: 밥을 혼자 ______________ 안 먹는 게 낫겠어.

대화해 봅시다

지금은 어떤 상황입니까? 기분이 어떨까요?

왕명 유미야, 너 요즘 무슨 고민 있니? 만나자고 해도 싫다고 하고.

유미 여드름이 자꾸 나서 사람들 만나는 것도 다 귀찮아. 어떡하지?

왕명 너무 걱정하지 마. 넌 여드름이 나도 예뻐. 하하하.

유미 여드름이 난 얼굴이 예쁘다니? 말도 안 돼. 농담할 기분 아니야. 거울을 볼 때마다 화가 나고 우울해져. 친구들도 안 만나고 싶을 만큼 심각해.

왕명 그럼, 세수를 철저히 해 봐. 피부를 청결하게 하는 게 중요하거든. 그리고 내 경험에 의하면 무엇보다도 스트레스가 피부의 적인 것 같아.

유미 스트레스가 피부에 안 좋다는 건 알아. 그런데 어떻게 스트레스를 안 받을 수가 있어?

왕명 누구나 스트레스를 받는데 그것을 푸는 게 중요하다는 말이야.

유미 스트레스를 확실히 푸는 좋은 방법이 있어?

왕명 좋아하는 일을 실컷 해 봐. 유미 너는 노래 좋아하잖아. 그러니까 노래방에 가서 목이 아플 만큼 목청껏 노래를 불러 봐. 스트레스가 좀 풀릴 거야.

유미 그렇겠다.

왕명 그리고 운동도 피부에 좋은 것 같아. 나는 요가를 하니까 피부가 많이 좋아졌어.

유미 나도 요가를 며칠 했는데 몸이 너무 아팠어.

왕명 그래도 효과가 있으니까 좀 아파도 참고 계속해 봐.

유미 못 할 것 같아. 몸이 유연하지 않아서 몸을 구부릴 때 너무 괴로웠어. 다시 요가를 하느니 차라리 이대로 사는 게 더 낫겠어.

1. 유미는 우울해서 무엇을 하기 싫어합니까?

2. 왕명이 말한 여드름을 없애는 방법은 무엇입니까?

3. 유미가 제일 싫어하는 일은 무엇입니까?

4. 얼굴에 여드름이 생기면 어떻게 해야 합니까?

5. 여러분이 왕명이라면 친구를 어떻게 위로하겠습니까?

들어 봅시다

현대인의 질병에는 어떤 것이 있습니까?

I 다음을 듣고 질문에 답하십시오.

1. 의사는 어떤 질병에 대해 말하고 있습니까?

   ① 여드름　② 고혈압　③ 신경통　④ 피부 질병

2. 이 질병의 증상은 무엇입니까?

   ① 기침이 납니다.　② 매우 가렵습니다.
   ③ 열이 나고 콧물이 납니다.　④ 잠이 오지 않아서 피곤합니다.

3. 이 질병의 원인이 <u>아닌</u> 것은 무엇입니까?

   ① 자주 목욕을 한다.　② 스트레스가 심하다.
   ③ 어떤 음식을 먹으면 가렵다.　④ 가족 중에서 이 질병에 걸린 사람이 있다.

4. 이 질병의 치료와 예방법이 <u>아닌</u> 것은 무엇입니까?

   ① 약을 복용한다.
   ② 집을 청결하게 한다.
   ③ 동물을 기르면 좋다.
   ④ 로션을 발라서 피부를 부드럽게 한다.

>>> 여러분은 피부병에 걸린 적이 있습니까?
경험한 질병에 대해 그 질병의 원인, 예방 / 치료 방법에 대해 짧게 말해 보십시오.

Ⅱ 다음을 듣고 질문에 답하십시오.

1. 초대 손님은 누구입니까?

① 옆집 아저씨 ② 한국어 선생님 ③ 장수 할머니 ④ 친한 친구

2. 초대 손님은 식사를 어떻게 합니까?

① 밀가루 음식을 많이 먹는다. ② 채소를 양껏 많이 먹는다.
③ 고기 종류를 많이 먹는 편이다. ④ 밥과 여러 반찬을 골고루 먹는다.

3. 초대 손님의 성격은 어떤 편입니까?

① 느긋하고 낙천적인 편이다. ② 급하고 화를 잘 낸다.
③ 모든 일을 꼼꼼하게 하는 편이다. ④ 사람들과 만나는 것을 무서워한다.

4. 초대 손님은 지금 어디에서 살고 있습니까?

① 대도시 아파트 ② 서울 인근 주택
③ 바닷가 근처 ④ 산과 강이 있는 지역

5. 초대 손님의 하루 일과 중 세 가지를 쓰십시오.

(1) ____________________.

(2) ____________________.

(3) ____________________.

>>> 여러분도 이분처럼 오래 건강하게 사시는 분을 본 적이 있습니까?
듣거나 봤으면 그분에 대해 말해 보십시오.

말해 봅시다

I 여러분의 생각과 친구의 의견이 다를 때 여러분은 어떻게 이야기합니까? 'V-느니 차라리'를 사용해 이야기해 보십시오.

보기
가: 도서관에서 시험공부를 할까요?
나: 사람이 너무 많아요. 도서관에서 하느니 차라리 집에서 하는 게 낫겠어요.

시험공부를 ……	
가) 도서관에서 시험공부를 하다	나) 사람이 너무 많다 / 집에서 하다

건강을 위해서 ……	
가)	나)

용돈을 아끼기 위해서 ……	
가)	나)

주말에 ……	
가)	나)

방학에 ……	
가)	나)

Ⅱ 친구와 함께 생활 습관을 체크하고 건강 상태를 알아보십시오.

■ 검사표

	생활 습관	예	아니요
일반 생활	음주를 지나치게 하지 않는다.		
	담배를 피우지 않는다.		
	규칙적인 생활을 한다.		
	휴일에 충분히 쉰다.		
	밤에 잠을 잘 잔다.		
	취미 생활을 즐기고 있다.		
식생활	채소를 자주 먹는다.		
	달거나 짠 음식을 피하고 있다.		
	과식하지 않는다.		
	정해진 시간에 식사한다.		
	아침 식사는 반드시 한다.		
	식사는 천천히 한다.		
운동	운동하는 습관이 있다.		
	주 3회, 20분 이상 가볍게 운동을 한다.		
	가능하면 계단을 이용한다.		
	가까운 곳은 걸어 다닌다.		
	걸을 때 빨리 걷는다.		
	주 3회 이상 산책을 한다.		

■ 결과

'네'의 개수	결과
13개~18개	신체적으로, 정신적으로 좋은 생활 습관을 가지고 있습니다.
7개~12개	지금은 문제가 없지만 생활 습관을 바꾸지 않으면 건강이 나빠질 것입니다.
0개~6개	매우 불규칙한 생활 습관을 가지고 있습니다. 건강에 주의하십시오.

건강을 해치는 생활 습관을 정리해서 발표해 보세요. 그리고 친구에게 조언해 보세요.

고치고 싶은 생활 습관
1.
↳ 친구의 조언 :
2.
↳ 친구의 조언 :
3.
↳ 친구의 조언 :
4.
↳ 친구의 조언 :

읽어 봅시다

Ⅰ 다음을 읽고 질문에 답하십시오.

한국인의 질병 보고

'한국인의 질병 보고서'는 한국의 의과대학 질병 예방 연구팀이 한국인 120만 명을 대상으로 5년간 질병에 대해 조사한 결과이다. 이 보고서에는 한국인이 건강하게 장수하려면 어떤 질병을 조심하고 예방해야 하는지에 대한 답이 있다.

1. 한국인이 가장 많이 고생하는 질병

1위	2위	3위	4위	5위
당뇨	위장병	호흡기 질환	뇌 질환	관절염

2. 나이별 대표 질병

	20대	30~40대	50~60대	70대
1위	우울증	위장병 간질환	암	뇌혈관 질환 심장병
2위	위장병 소화기 질환	암 우울증	뇌 질환 심장병	암
3위	호흡기 질환	당뇨	당뇨	폐 질환

한국인이 건강하게 장수하려면 20대에는 우울증, 30~40대에는 위장병, 간 질환, 50~60대에는 암(癌), 70대에는 뇌혈관 질환을 조심해야 한다.

3. 사망 원인

1위	2위	3위	4위	5위
뇌졸중	교통사고	자살	간 질환	위암

질병 / 관절염 / 천식

1. 다음 질병의 이름을 알맞게 연결하십시오.

  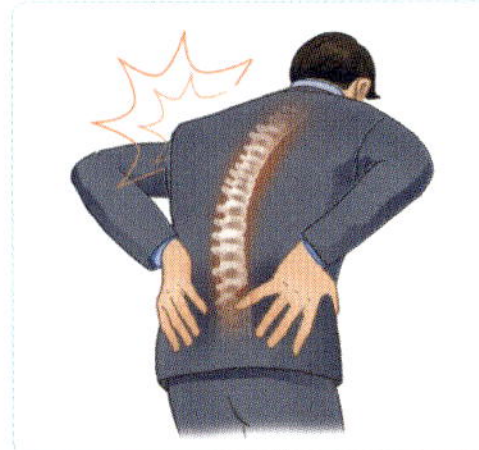 

(1) 뇌졸중 •   • 근육, 골격 질환

(2) 천　식 •   • 뇌혈관 질환

(3) 디스크 •   • 정신 질환

(4) 우울증 •   • 호흡기 질환

2. 많은 한국인이 고생하고 있는 질병은 무엇입니까?

(　　　　　　　　　　　　　　　　　　　　　　　　)

3. 30~40대의 한국인이 가장 많이 걸리는 질병은 무엇입니까?

① 과로로 인한 근육통
② 음주로 인한 간 질환
③ 스트레스로 인한 우울증
④ 지방이 많은 음식으로 인한 고혈압

4. 한국인의 가장 높은 사망 원인은 무엇입니까?

① 뇌혈관 질환　② 간 질환　③ 폐 질환　④ 자살

5. 20대의 사람들이 가장 많이 걸리는 우울증의 예방 방법은 무엇이 있을까요? 생각해 봅시다.

6. 여러분 나라에서는 어떤 질환이 가장 많이 발생합니까?

»» 여러분의 식습관은 어떻습니까? 주로 어떤 음식을 좋아합니까?

Ⅱ 다음을 읽고 질문에 답하십시오.

사람들은 모두 건강하게 살고 싶어 합니다. 건강을 원하는 사람들의 꿈을 이루는 일이 그렇게 어려운 것은 아닙니다. 식습관만 바꾸어도 건강하게 장수할 수 있습니다. 건강한 식습관에는 어떤 것이 있는지 알아봅시다.

먼저 과식이나 폭식, 결식을 하지 말아야 합니다. 정상 체중을 유지하기 위해서는 열량이 높은 음식이나 탄산음료를 마시지 말아야 합니다. 불규칙적으로 식사를 하면 체중이 늘게 됩니다. 정상 체중만 지켜도 중년기에 발생하는 성인병을 예방할 수 있다고 합니다.

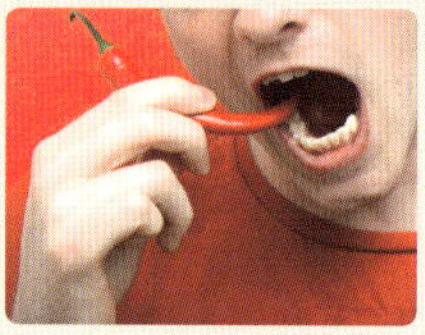

둘째, 매운 음식은 삼가야 합니다. 왜냐하면 매운 음식은 위암을 일으키기 쉽기 때문입니다. 한국 사람이 매운 음식을 선호하는 것과 한국이 위암 발생률 세계 1위라는 사실은 관계가 있습니다.

셋째, 우유를 자주 마셔야 합니다. 나이가 들면 칼슘이 부족해집니다. 특히 여성은 출산으로 인하여 칼슘이 부족해져서 뼈에 문제가 생깁니다. 칼슘이 많이 들어 있는 우유를 자주 마셔야 합니다. 우유가 체질에 맞지 않는 사람은 우유로 만든 식품이나 작은 생선, 굴, 두부 등을 즐겨 먹으면 좋습니다.

넷째, 짜게 먹지 말아야 합니다. 너무 짜게 먹으면 성인병에 걸릴 수 있습니다. 가능하면 싱겁게 먹고, 조리할 때 소금 대신 식초, 후추 등을 사용하면 좋습니다.

마지막으로 식사는 골고루, 즐겁게, 규칙적으로 해야 합니다. 건강한 식습관은 건강에 좋은 음식만 먹는 것이 아니라 골고루 먹는 것입니다. 또한 좋은 음식도 즐겁게 먹지 않는다면 건강에 별 도움이 되지 않습니다.

위에서 말한 식습관으로 몸을 건강하게 한다면 우리의 삶도 더욱 건강해지겠지요? 오늘부터 좋은 식습관으로 우리의 체질을 건강하게 바꾸어 봅시다.

식습관 / 과식 / 폭식 / 결식 / 칼슘 / 삼가다

1. 내용에 맞는 단어를 고르십시오.

과식　　폭식　　결식

오늘 나의 식사

시간	식사	
오전 9시	늦잠을 자서 아침을 거르고 먹지 않았다	(　　　)
저녁 6시	아침, 점심을 굶은 후에 너무 배고파서 갑자기 많은 양의 음식을 먹었다.	(　　　)
밤 12시	친구가 끓인 라면이 너무 맛있게 보여서 먹은 지 30분 만에 또 먹었다.	(　　　)

2. 위의 내용과 다른 것은 무엇입니까?

① 식사는 정해진 시간에 하는 것이 좋다.

② 편안한 분위기에서 식사하는 것이 좋다.

③ 노인들은 우유를 마시는 것이 좋지 않다.

④ 매운 음식을 많이 섭취하는 것은 좋지 않다.

3. 위의 글에 알맞은 제목을 붙여 보십시오.

(　　　　　　　　　　　　　　　　　　　　　　)

4. 위의 내용에 더 추가하고 싶은 습관이 있습니까? 있다면 무엇입니까?

써 봅시다

I 여러분은 건강을 유지하기 위한 생활 습관이 있습니까? 여러분이 하는 생활 습관을 쓰십시오.

건강에 좋은 식습관
• 아침에 일어나자마자 냉수 한 잔을 마신다. – 이유: 차가운 물은 위를 운동하도록 해서 소화가 잘되도록 해 준다.

건강에 좋은 생활 습관
• 외출 후 집에 오자마자 깨끗하게 손을 씻는다. – 이유: 손에는 나쁜 세균이 많아 손을 씻는 것만으로도 나쁜 세균을 없앨 수 있다.

Ⅱ 여러분이 생각하는 건강을 유지하기 위한 생활 습관에 대해 쓰십시오. 단, 아래에 제시된 내용이 모두 포함되어야 합니다.

- 건강을 유지하기 위한 좋은 식습관은 무엇이 있습니까?
- 또한 건강을 유지하기 위한 생활 습관에는 무엇이 있습니까?
- 위의 습관들이 건강에 좋은 이유를 쓰십시오.

5과

지금 가 봤자 직원을 못 만날 거예요

- 출입국 관리 사무소에서 무슨 일을 해요? -

배워 봅시다

불법 체류	추방당하다	증명서	접수증	처리	재발급
지역 번호	관공서	관련	거주	제출	조회하다
담당	관할	견학	연중무휴	유의 사항	뒤지다
누르다	신속하다	소지하다	작성하다		

연습

1. 다음 ( )에 알맞은 단어를 쓰십시오.

담당　　불법 체류　　분실 신고　　관공서

(1) 제가 ( )하고 있는 일은 비자 관련 업무입니다.

(2) 경찰서나 우체국과 같은 기관을 ( )라고 합니다.

(3) 비자 기간이 끝난 후에 외국에 있으면 ( )가 됩니다.

(4) 만약 외국인 등록증을 잃어버린 경우는 바로 ( )를 해야 합니다.

2. 다음 ( )에 알맞은 단어를 쓰십시오.

지역 번호　　뒤지다　　증명서

(1) 가: 지갑이 없어졌어. 어떻게 하지?

나: 아까 네가 가방에 넣는 것 같았어. 가방을 한번 잘 ( ) 봐.

(2) 가: 인천으로 전화를 걸려면 어떻게 해야 해요?

나: 먼저 인천 ( ) 032를 누르고 전화번호를 누르세요.

(3) 가: 대학교에 입학하려면 무엇이 필요해요?

나: 고등학교 졸업 ( )가 있어야 해요.

3. **보기** 와 같이 의미가 같은 단어로 바꾸어 대화를 완성하십시오.

조회하다	신속하다	제출하다	거주하다	소지하다

보기

가: 전화번호를 바꾸었어요.

나: 그래요? 언제 전화번호를 변경했어요?

(1) 가: 저번 주말에 재발급에 필요한 서류를 모두 (   ).

나: 서류를 모두 냈어요?

(2) 가: 비행기 탑승 시에 액체를 가지고 탈 수 없습니다.

나: 액체를 (   ) 탈 수 없어요?

(3) 가: 주말에는 사람이 많아서 빠른 처리가 어렵습니다.

나: (   ) 처리가 어려워요?

(4) 가: 한국에 3년 이상 사셔야 합니다.

나: 한국에 3년 이상 (   ) 해요?

(5) 가: 이번 달 용돈이 얼마 남았는지 알아봐야겠어요.

나: 통장 잔액을 (   ) 볼 거예요?

N마저

너마저 나를 못 믿으니 정말 슬프다.

사업을 실패해서 집마저 팔아야 했다.

막내마저 시집을 가니까 이제 할 일이 없다.

노인들과 어린이들마저 일하러 나가야 했다.

그 아이의 부모님은 2년 전에 돌아가셨는데 지난주에 할머니마저 돌아가셨다.

연습

(1) 가: 그녀는 어려움을 극복하고 박사가 되었어요.

나: 어떤 어려움을 이겨 냈는데요?

가: 눈도 보이지 않고 ______________________ 들리지 않았어요.

(2) 가: 내일 회의는 굉장히 중요한데 못 오는 사람들이 많아.

나: 그래? 어떻게 하지……. 나도 내일 일이 있어서 오기 힘들 것 같아.

가: ______________________ 안 오면 이번 회의는 취소하는 게 좋겠다.

(3) 가: 우리 아이는 좋아하는 게 없어요. 영어도 싫어하고 수학도 싫어해요.

나: 그래도 운동은 좋아하잖아요.

가: 아니에요. 요즘에는 ______________________.

(4) 가: 어제 축구 보셨어요? 우리 팀이 이겼잖아요.

나: 그래요? 너무 보고 싶었는데 갑자기 TV도 안 나오고 ______________________.

가 : 정말 재미있었는데……. 재방송은 꼭 보세요.

(5) 가: 남은 돈이 있어요?

나: 너무 배고파 주머니에 있는 ______________________ 써 버렸어요.

가: 어떡하죠? 돌아갈 버스비가 부족한데…….

V-기 십상이다

가: 요즘 아가씨들은 겨울에도 옷을 너무 얇고 짧게 입네요.
나: 멋도 좋지만 그렇게 입으면 감기에 걸리기 십상이지요.

가: 선생님, 제가 대학 입학시험에 합격할 수 있을까요?
나: 그렇게 자주 지각하고 결석하면 시험에 떨어지기 십상이에요.

가: 유학 생활 중에 가장 조심해야 하는 것은 무엇입니까?
나: 고향 친구들끼리만 어울리면 실패하기 십상이니까 한국 친구들을 많이 사귀세요.

연습

(1) 가: 방이 너무 지저분한데?

나: 그렇지. 청소하지 않으면 엄마에게 ______________________________.

(2) 가: 저 두 사람이 연인 사이라고 했잖아요. 그런데 너무 자주 싸우네요.

나: 서로를 이해하지 못하고 자주 싸우면 ______________________________.

(3) 가: 아침, 점심을 굶고 저녁을 너무 많이 먹어서 배가 아파요.

나: 식사가 불규칙하면 건강이 ______________________________.

(4) 가: 매일 반복되는 학교생활이 재미없어요.

나: 친구를 사귀거나 특별한 계획을 안 세우면 ______________________________.

(5) 가: 요즘엔 고등학교 때 친구들의 이름을 잘 모르겠어요.

나: ______________________________.

A/V-아/어 봤자

가: 오늘이 올겨울 중에서 제일 추운 날이래요.
나: 추워 봤자 영하 10도밖에 안 돼요.

가: 지금부터라도 열심히 하면 안 될까요?
나: 아무리 열심히 해 봤자 소용없어요. 이미 늦었어요.

가: 운동하면 살이 빠지겠지요?
나: 운동만 해 봤자 별 효과는 없을 거예요. 음식을 줄여야 해요.

연습

(1) 가: 어제 학생 식당에서 밥을 먹었는데 너무 비쌌어요.

나: 학생 식당 음식이 ______________________ 얼마나 비싸겠어요?

(2) 가: 지금 친구를 만나서 이야기를 해야겠어요.

나: ______________________ 소용이 없을 거예요.

(3) 가: 어제 산 옷을 환불하려고 가게에 가는 중이에요.

나: ______________________ 환불해 주지 않을 거예요.

'환불 안 됨'이라고 쓰여 있는 것을 봤어요.

(4) 가: 시력이 안 좋아서 수술을 받고 싶어요. 그럼 좋아질까요?

나: 글쎄요. 아마 ______________________ 좋아지지 않을 거예요.

(5) 가: 이 정도면 깨끗하죠?

나: 그렇게 더러운 휴지로 ______________________ 더 더러워져요.

V-도록

가: 이번 체육 대회에서 우승했지요?
나: 네, 몸살이 나도록 열심히 응원했어요.

가: 노래방에서 큰소리로 노래를 불러야 해요?
나: 네, 목이 터지도록 크게 불러야 점수가 잘 나와요.

가: 어제 출입국 사무소의 전화를 받았어요?
나: 아뇨, 목이 빠지도록 기다렸는데 전화가 없었어요.

연습

(1) 가: 수미 씨가 그렇게 발표를 잘했어요?

나: 네, 얼마나 잘했는지 교수님이 ____________________ 칭찬을 하셨어요.

(2) 가: 남자 친구가 고향으로 돌아가서 많이 울었겠네요.

나: 네, 너무 슬퍼서 ____________________ 울었어요.

(3) 가: 고향 친구와 함께 시내 구경을 많이 했어요?

나: 네, ____________________ 시내 구경을 했어요.

(4) 가: 가을에는 독서를 많이 해야 해요. 이것도 읽어 보세요.

나: 지금까지 ____________________ 읽었어요. 내일 읽을게요.

(5) 가: 음식이 입에 맞아요? 많이 먹었어요?

나: 네, ____________________ 먹었어요. 맛있게 먹었어요.

배가 터지다 / 눈이 빠지다 / 입이 마르다 / 눈이 붓다 / 신발이 닳다

대화해 봅시다

외국인 등록증은 언제 필요합니까?
만약 외국인 등록증을 잃어버렸다면 어떻게 해야 할까요?
여러분은 한국에서 자신의 물건을 분실한 적이 있어요? 경험을 이야기해 보세요.

왕 명 저, 수고하십니다. 저는 유학생인데요. 외국인 등록증을 잃어버려서요.

경찰관 외국인 등록증을 어디에서 잃어버리셨어요?

왕 명 바지 주머니에 넣고 다녔는데 빠졌나 봐요. 눈이 빠지도록 찾았는데 어디에도 없어요.

경찰관 그렇게 가지고 다니시면 잃어버리기 십상이에요. 혹시 여권마저 잃어버린 건 아니죠?

왕 명 네. 여권은 가지고 있어요.

경찰관 등록증을 분실하신 시간을 말씀해 주세요.

왕 명 그저께쯤 없어진 것 같은데요. 혹시 그게 없으면 추방당하는 건 아닌가요?

경찰관 하하하, 아니에요. 너무 걱정하지 마세요. 분실 확인서를 드릴 테니까 이걸 가지고 출입국 관리 사무소로 가서 재발급을 받으세요.

왕 명 네, 알겠습니다. 이것 외에 더 필요한 게 있나요?

경찰관 여권과 사진 1장이 필요합니다. 그리고 본인이 직접 가셔야 하고 수수료 만 원을 내셔야 합니다.

왕 명 네, 잘 알겠습니다. 그런데 지금 당장은 사진이 없는데 내일 가도 될까요?

경찰관 오늘은 늦었으니까 가 봤자 직원을 못 만날 거예요. 퇴근 시간이 다 되었거든요. 내일 가도 괜찮아요. 그렇지만 아무리 늦어도 분실 신고 후 14일 이내에는 재발급을 받으셔야 합니다.

1. 왕명 씨는 경찰서에서 무엇을 했습니까?

2. 경찰관은 왕명 씨에게 어떻게 하라고 했습니까?

3. 외국인 등록증을 재발급할 때 무엇이 필요합니까?

4. 왕명 씨는 언제까지 외국인 등록증을 재발급 받아야 합니까?

들어 봅시다

I 전화 안내를 듣고 질문에 답하십시오.

1. 왕명 씨는 어디에 전화를 했습니까?

( )

2. 왕명 씨는 왜 전화를 했습니까?

( )

3. 왕명 씨가 출입국 관리 사무소에 가야 하는 이유는 무엇입니까?

① 접수증을 받아야 하기 때문에

② 경찰서가 어디에 있는지 몰라서

③ 외국인 등록증 분실 신고를 하려고

④ 외국인 등록증을 재발급 받아야 하기 때문에

4. 다음 안내를 듣고 왕명 씨는 무엇을 눌러야 하는지 차례로 쓰십시오.

1	2	3
4	5	6
7	8	9
*	0	#

* 별표, # 우물 정 자

(1) (,) ⇨ (2) ( ) ⇨ (3) (,) ⇨ (4) ( )

>>> 한국어로 전화 통화를 할 때 어려운 점은 무엇입니까?

>>> 방문 예약을 해 본 적이 있습니까? 어떻게 합니까?

Ⅱ 다음을 듣고 질문에 답하십시오.

1. 들은 내용은 무엇에 대한 안내입니까?

① 방문 예약이 가능한 시간 안내
② 하이 코리아 회원 가입하는 방법
③ 출입국 관리 사무소 방문하는 방법
④ 출입국 관리 사무소 '방문 예약' 하는 방법

2. 같으면 ○, 틀리면 × 하십시오.

(1) '방문 예약'을 하려면 먼저 하이 코리아에 회원 가입을 해야 한다. (　　　)
(2) 예약 접수는 주말에는 하지 않는다. (　　　)
(3) 예약 취소는 당일에도 가능하다. (　　　)
(4) '방문 예약'은 당일에는 할 수 없다. (　　　)
(5) 예약 시간이 10분 정도 지나서 도착해도 일을 처리할 수 있다. (　　　)

3. 우리 주변에 연중무휴하는 곳은 어떤 곳이 있습니까?

>>> 선생님과 함께 '하이 코리아(Hi Korea!)' 홈페이지에 한번 들어가 보십시오.

말해 봅시다

Ⅰ 여러분은 어떤 일을 해도 소용이 없을 때 어떻게 말합니까? 다음과 같은 상황에서 할 수 있는 대화를 'A/V-아/어 봤자'를 사용해서 만들어 보십시오.

보기
가: 우리 시험이 언제부터예요?
나: 다음 주 월요일부터예요.
가: 그래요? 그러면 우리 도서관에 가서 같이 공부할까요?
나: 다음 주부터 시험 시작이에요. 지금 가 봤자 자리가 없을 거예요.

상황	소용없는 이유
친구와 도서관에 가서 공부를 하려고 한다.	다음 주부터 시험 시작이다.
11시 비행기를 타야 하는데 아침 9시에 일어났다.	집에서 공항까지 멀다.
방학인데 심심해서 친구들과 연락해서 놀고 싶다.	방학이라서 다 고향에 갔다.
친구와 같이 바다 여행을 가기로 했는데 친구는 부모님께 아직 말하지 않았다고 한다.	부모님이 보수적이다.
내일까지 월세를 내야 하는데 지금 돈이 없다. 친구 ○ ○ ○한테서 돈을 빌리고 싶다.	○ ○이/가 구두쇠이다.
2년 전 나를 좋아하던 그 사람과 결혼하지 않은 것을 후회하고 있다.	그 사람은 작년에 결혼했다.

Ⅱ 한국에서 물건을 잃어버린 경험이 있습니까? 그때 어떻게 했습니까? 아래의 두 가지 경우 중 하나를 선택하여 짝과 함께 이야기해 보십시오.

지하철에 가방을 놓고 내렸을 때

- 중앙대학교 경영학과 1학년, 성주
- 탔던 역: 신도림역
- 내린 역: 2호선 강남역
- 놓고 내린 물건: 가방
- 가방에 있는 물건: 친구 생일 선물 줄 휴대용 컵, 편지
- 내가 탔던 칸: 정확히 기억나지 않는다. 앞쪽이었다.
- 약속 시간이 늦어 친구에게 전화하면서 내리다가 가방을 지하철 위에 놓고 내렸음. 친구 생일 선물을 줄 휴대용 컵이라 꼭 찾고 싶음.

가: 안녕하세요? 무엇을 도와 드릴까요?

나: 네, 안녕하세요? 저는 ______________________________.

제가 지하철에 가방을 놓고 내렸어요? 어떻게 하죠?

가: 어디에서 지하철을 타고 어디에서 내렸나요?

나: ______________________________.

가: 어떻게 잃어버렸죠?

나: ______________________________.

가: 지하철 탔던 칸을 기억하세요?

나: ______________________________.

가: 여기에 이름과 잃어버린 물건을 적어 주세요.

나: ______________________________.

도서관에서 휴대용 컵을 잃어버렸을 때

- 이름과 학과: 왕명, 중앙대 경영학과 1학년
- 잃어버린 장소: 2층 화장실 앞 정수기
- 잃어버린 물건: 휴대용 컵
- 잃어버린 시간: 30분 전
- 화장실에 나와 휴대용 컵에 뜨거운 물을 받다가 친구를 만나 정수기 위에 휴대용 컵을 놔두고 이야기한 후 자리에 돌아옴. 공부하다 휴대용 컵이 없어진 것을 알았음. 친구에게 생일 선물로 받은 휴대용 컵이라 꼭 찾고 싶음.

가: 안녕하세요? 무엇을 도와 드릴까요?

나: 네, 안녕하세요? 저는 ______________________________.
　　제 휴대용 컵을 잃어버려서요.

가: 언제, 어디에서 잃어버렸죠?

나: ______________________________.

가: 어떻게 잃어버렸죠?

나: ______________________________.

가: 그럼 여기에 이름과 학과를 써 주세요.

나: ______________________________.

읽어 봅시다

대사관과 영사관은 어떤 일을 하는 곳입니까?

I 다음을 읽고 질문에 답하십시오.

여러분이 외국으로 여행을 가려면 어디서 비자를 받아야 할까요? 대사관으로 가야 할까요, 아니면 영사관으로 가야 할까요?

외국 여행을 위해 비자를 받으려면 여행 가는 나라의 영사관으로 가야 합니다. 물론 대사관 안에 영사관이 있는 곳도 있어서 대사관으로 가야 하는 곳도 있습니다. 예를 들어 주한 일본 대사관에는 그 안에 영사과가 있고 부산과 제주에 일본 영사관이 있습니다.

그럼 대사관은 무엇을 하는 곳일까요? 대사관은 외국에서 본국의 정부를 대표하는 최상위 기관입니다. 주한 중국 대사관은 한국에서 중국 정부를 대표하는 곳이라고 할 수 있습니다. 외국과 본국 정부의 외교, 정치, 국방, 교육, 무역, 문화, 전 분야와 관련된 일을 하고 양국 간의 관계를 좋게 만들어 주는 일을 하는 곳입니다. 즉 외국에서의 작은 정부와 같습니다.

그렇지만 영사관은 외교적인 일을 하는 곳이 아니라 재외 국민을 위한 기관이라고 할 수 있습니다. 영사관은 외교와는 관계가 없는 곳입니다. 만약 외국에서 자국민이 법을 어겨서 경찰서로 갔을 경우에는 영사관으로 먼저 연락이 옵니다. 그러면 영사관 직원이 나와서 변호사를 소개해 주기도 합니다. 또 도둑을 맞아서 돈이 한 푼도 없거나 외국에서 다쳐서 병원에 입원했거나 사망했을 경우에도 일을 처리해 주기도 합니다.

비슷한 것 같지만 다른 대사관과 영사관의 차이를 이제는 아시겠죠?

본국 / 정부 / 최상위 / 재외 국민 / 자국민 / 한 푼

1. 이 글은 무엇에 대한 글입니까?

① 대사관과 영사관의 관계

② 대사관과 영사관의 차이

③ 대사관과 영사관의 위치

④ 대사관과 영사관의 공통점

2. 대사관과 영사관의 차이에 대해 간단하게 쓰십시오.

( )

3. 외국 여행을 하고 싶습니다. 사증을 받으려면 어디로 가야 합니까?

(　　　　　　　　　　　　　　　　　　　　　　　　　　　　　　　)

4. 이 글을 읽고 같으면 ○, 다르면 × 하십시오.

(1) 영사관은 외교적인 일까지 하는 곳이다. (　　　　)

(2) 외국에서 돈과 여권을 잃어버렸다면 영사관으로 간다. (　　　　)

(3) 주한 중국 대사관은 한국에서 중국을 대표하는 곳이다. (　　　　)

Ⅱ 다음을 읽고 아래의 질문에 답하십시오.

1345 '외국인 종합 안내 센터', 1년 만에 상담 200만 건

'외국인 종합 안내 센터'가 문을 연 지 1년 만에 상담 200만 건을 넘는 등 많은 성과를 이루고 있는 것으로 나타났다.

외국인들에게 비자와 체류, 국적 문제 등 각종 민원 상담 서비스를 제공하고 있는 이 센터는 지난해 3월 31일 문을 열었다. 지역 번호 없이 전국 어디서나 1345번만 누르면 이용이 가능하며 영어와 중국어 등 18개국의 언어로 외국인의 출입국이나 체류와 관련된 민원 상담 서비스를 제공하고 있다. 또한, 국내에 체류하고 있는 외국인들이 긴급 상황과 같은 여러 가지 어려움으로부터 안전한 한국 생활을 할 수 있도록 필요한 통역 서비스를 제공하고 있다.

중국인 왕성 씨는 한국에 온 지 얼마 안 되어 치매에 걸린 어머니를 잃어버렸다. 한국말도 잘 모르는 상태였기 때문에 너무 놀라고 당황하여 1345 '외국인 종합 안내 센터'에 전화를 걸었다. 자신과 어머니의 이름을 말하고 현재 상황을 말했다. 1345 상담원은 왕성 씨의 어머니는 보호 시설에 안전하게 있다는 사실을 알려 주었고 그 후 어머니를 만날 수 있게 해 주었다.

이 센터에서 일하는 상담원들은 한국어로 의사소통이 가능한 결혼 이민자들이기 때문에 외국인들이 겪을 수 있는 어려움도 충분히 이해해 줄 수 있을 뿐만 아니라 질 높은 통역 서비스도 제공해 줄 수 있다. 또한, 앞으로는 해외에서도 시차에 관계없이 24시간 동안 서비스할 수 있게 준비하고 있는 중이다.

문을 열다 / 치매 / 당황하다 / 보호 시설 / 질 높다 / 제공하다 / 시차

1. '1345'는 무엇입니까? 그리고 무슨 일을 하는 곳입니까?

(　　　　　　　　　　　　　　　　　　　　　　　　　　　　　　　)

2. 이 글을 읽고 같으면 ○, 다르면 × 하십시오.

(1) 이 센터는 1년 전에 운영하기 시작하였다. ( )

(2) 지금도 해외에서의 상담이 24시간 가능하다. ( )

(3) 이 센터는 외국인뿐만 아니라 내국인의 민원 상담도 하고 있다. ( )

(4) 외국인들이 한국 생활을 하는 데 어려움이 없도록 통역 서비스도 제공하고 있다. ( )

MEMO

써 봅시다

Ⅰ 아래 글을 읽고 각 항목에 해당하는 내용들을 찾아서 간략하게 쓰십시오.

4월 17일 오후 6시에 학교 대극장에서 '오페라의 유령'이라는 공연을 보았습니다. 그런데 그곳에서 제가 정말 아끼던 지갑을 분실했습니다. 제가 앉았던 자리는 1층의 B구역 17번이었습니다. 다른 자리로 옮기면서 떨어뜨린 것 같습니다. 지갑은 빨간색 긴 지갑이고 안에 가족사진과 증명사진, 학생증 등이 들어 있습니다. 현금은 얼마 들어 있지 않지만 가장 친한 친구에게 생일 선물로 받은 것이라서 저에게는 무척 소중한 물건입니다. 지갑을 찾을 수 있게 꼭 부탁드립니다. 제 지갑을 보신 분은 010-1234-6789로 전화해 주시면 감사하겠습니다. 찾아 주시는 분에게 꼭 사례도 하겠습니다.

분실 날짜	
분실 장소	
분실 이유	
분실물 설명	
찾는 이유	
연락처	
사례	

Ⅱ 여러분에게 가장 소중한 물건은 무엇입니까? 만약에 그것을 잃어버렸다면 어떻게 해야 합니까? 분실 일시, 분실 장소, 분실 이유, 분실물 설명, 찾는 이유, 연락처, 사례에 대한 말 등을 포함하는 글을 쓰십시오.

( )을/를 찾습니다.	
분실 날짜	
분실 장소	
분실 이유	
분실물 설명	
찾는 이유	
연락처	
사례	

(   )을/를 찾습니다.

6과

서울 타워에 간다면 야경을 감상할 거예요

– 서울에서 가 본 곳이 어디예요? –

배워 봅시다

관람객	전망대	야경	낭만	나들이	순환 버스
충격	구출	점검	운행	연말연시	쪽지
자정	반짝반짝	갇히다	지연되다	맞이하다	내려다보다

연습

1. 다음 (　　　　　　)에 알맞은 단어를 골라 쓰십시오.

관람객　　　맞이하다　　　내려다보다　　　쪽지

(1) 친구에게 내 연락처를 쓴 (　　　　　　)을 주었어요.

(2) 10층 건물에서 아래를 (　　　　　　) 다리가 막 떨려요.

(3) 사람들은 새해를 (　　　　　　) 때 새로운 계획을 세웁니다.

(4) 서울 타워와 경복궁 등 관광 명소에는 구경하러 온 (　　　　　　)이 항상 많아요.

2. 다음 설명에 맞는 단어를 쓰십시오.

(1) 어떤 일이 일어나는 시간이 늦어짐 (　　　　　　)

(2) 정해진 길을 따라 차를 운전하여 다님 (　　　　　　)

(3) 집을 떠나 가까운 곳에 잠시 다녀오는 일 (　　　　　　)

(4) 고장 난 곳이 있는지 확인하고 검사하는 것 (　　　　　　)

(5) 여기에 올라가면 멀리 있는 건물도 잘 볼 수 있어요 (　　　　　　)

3. 다음 (　　　　　　)에 알맞은 단어를 쓰십시오.

반짝반짝　　　낭만적　　　야경

오늘 저는 남자 친구와 함께 케이블카를 타고 서울 타워에 나들이를 갔어요. 우리는 전망대에 올라 서울의 (　　　　　　)을 감상했어요. 전망대에서 남자 친구는 저에게 눈이 부시도록 (　　　　　　) 빛나는 반지를 선물로 주었어요. 그리고 오늘을 잊지 말자고 했어요. 저에게 보여 준 남자 친구의 모습은 아주 (　　　　　　)이었어요. 오늘은 제 평생에 잊을 수 없는 추억의 날이 되었어요.

4. 다음 (　　　　　　)에 알맞은 단어를 쓰십시오.

충격　　　구출하다　　　갇히다

안녕하십니까? 오늘의 사고 소식을 신속하게 알려 드리는 '뉴스 오늘'입니다. 오늘 남산에서 난 사고 소식을 알려 드리겠습니다. 오후 2시에 사람들이 케이블카에 (　　　　　　) 사고가 있었습니다. 봄을 맞이하여 남산에 놀러 갔다가 이런 사고를 당하게 되었습니다. 갑자기 불어온 바람으로 기계가 멈추었습니다. 그래서 사람들은 높은 곳에서 2시간 동안 갇혀 있었습니다. 119 구조대가 사람들을 무사히 (　　　　　　). 두려움에 떨다가 안전하게 지상에 내려온 사람들 중 울음을 터뜨리거나 큰 (　　　　　　)으로 말을 제대로 못 하는 사람도 있었습니다.

서울의 관광 명소

청계천

경복궁 흥례문

남산 한옥 마을

인사동

북촌 한옥 마을

한강

A-다면 // V-ㄴ/는다면 // N(이)라면

가: 돈이 많다면 무엇을 하고 싶어요?
나: 유학을 가고 싶어요.

가: 만약 회사를 그만둔다면 무엇을 할 생각이에요?
나: 여러 나라를 여행하고 싶어요.

가: 노래 부르는 것을 좋아해요?
나: 네, 좋아해요. 내가 가수라면 좋겠어요.

연습

(1) 가: 키가 ________________ 무엇을 하고 싶어요?

나: 모델이 되고 싶어요.

(2) 가: 회사에서 첫 월급을 ________________ 무엇을 하고 싶어요?

나: 부모님께 드릴 선물을 살 거예요.

(3) 가: 그림 그리는 것을 좋아해요?

나: 네, 좋아해요. 내가 ________________ 좋겠어요.

(4) 가: 장래 희망이 뭐예요?

나: 의사예요. 의사가 ________________ 의료 봉사 활동을 하고 싶어요.

(5) 가: 중국 여행을 ________________ 어느 도시로 가고 싶어요?

나: 북경으로 가고 싶어요.

V-는 김에

가: 책상만 고치면 되나요?
나: 책상을 고치는 김에 의자도 고쳐 주세요.

가: 주말에 경주에만 가요?
나: 경주에 가는 김에 포항에도 들를 거예요.

가: 고향에 가면 무엇을 할 거예요?
나: 고향에 가는 김에 친구도 만나려고요.

연습

(1) 가: 가구가 모두 새것이네요?

나: 새 집으로 ______________________ 가구를 모두 새것으로 바꿨어요.

(2) 가: 커피만 주문했어요?

나: 아니요, 커피를 ______________________ 케이크도 주문했어요.

(3) 가: 파마를 하실 거예요?

나: 네, 그러려고요. ______________________ 염색도 하려고 해요.

(4) 가: 자려고요? 불을 끌까요?

나: 불을 ______________________ 라디오도 꺼 주세요.

(5) 가: 오늘 집을 청소할 거예요?

나: 네, ______________________ 빨래도 하려고 해요.

N이/가 그만이다

→ N이/가 제일이다

가: 이번에도 치킨을 시킬 거예요?
나: 네, 맥주 안주로는 치킨이 그만이니까요.

가: 이 식당에는 올 때마다 손님이 참 많군.
나: 응, 이 집 고기 맛이 그만이잖아.

가: 메뉴가 다양한데 뭘 먹을까요?
나: 추운 날씨에는 뜨거운 국물이 제일이지요.

연습

(1) 가: 김 부장님 댁 집들이 어땠어?

나: 사모님 음식 솜씨가 ______________________.

(2) 가: 이 커피숍에는 항상 사람이 많구나.

나: 이 집 커피 맛이 ______________________.

(3) 가: 이번 선거에서 1번 후보를 뽑았어요?

나: 네, 그 후보의 ______________________ 그만이거든요.

(4) 가: 저 사람이 20대 1의 경쟁률을 뚫고 들어온 사람이지요?

나: 네, 저도 들었는데요. 저 사람의 외국어 실력이 ______________________.

(5) 가: 왜 매년 휴가 때마다 설악산으로 가는 거야?

나: 설악산이 ______________________.

V-(으)려던 참이다 / 참이었다

가: 마이클 씨를 만나러 가는데 같이 갈래요?
나: 좋아요. 나도 마이클 씨를 보러 학교에 가려던 참이었어요.

가: 학교 앞에 괜찮은 음식점이 생겼는데 오늘 한번 가 볼까요?
나: 그래요. 그렇지 않아도 지금 점심을 먹으려던 참이었어요.

가: 비가 그칠 때까지 기다렸다가 나가자.
나: 나도 그 말을 하려던 참이었어.

연습

(1) 가: 여보세요? 왕명 씨, 지금 통화할 수 있어요?

나: 네, 진나 씨. 저도 진나 씨에게 ______________________________.

(2) 가: 오늘 대형 마트에 가는데 같이 갈래요?

나: 좋아요. 저도 지금 세제하고 물을 좀 ______________________________.

(3) 가: 실내가 너무 조용한데 음악이나 들을까요?

나: 그래요. 안 그래도 음악을 ______________________________.

(4) 가: 선생님, 제가 오전에 메일을 보냈는데 보셨어요?

나: 아니, 지금 막 ______________________________.

(5) 가: 주말인데 바람 쐬러 갈까요?

나: ______________________________.

대화해 봅시다

서울에서 가 본 곳은 어디입니까? 가 보고 싶은 곳은 어디입니까?
다음은 어디입니까?

진나 이번 주말까지 한국 문화 체험 숙제가 있는데, 내일 한옥 마을에 같이 안 갈래?

왕명 한옥 마을? 나도 너에게 가자고 말하려던 참이었어. 전통 한옥이 그대로 남아 있다는 곳 말이지?

진나 맞아. 그곳에 가면 옛날 한국 사람들의 생활도 알 수 있대.

왕명 용인에 있는 민속촌은 가 본 적이 있는데 한옥 마을은 가 본 적이 없어.

진나 좋아. 같이 가자. 그런데 남산에 가는 김에 다른 곳에도 가 볼까?

왕명 서울 타워는 어때? 거기서 내려다보는 야경이 그만이야.

진나 내 친구한테서도 정말 아름답다는 말을 들었어.

왕명 맞아. 그리고 야경 외에도 재미있는 게 또 하나가 있어.

진나 그게 뭔데?

왕명 사랑의 자물쇠라는 것인데, 연인들이 자물쇠에 사랑의 쪽지를 붙여서 줄에 걸어 두는 거야. 그렇게 하면 두 사람의 사랑이 꼭 이루어진대. 너도 남자 친구가 생기면 한번 해 봐.

진나 정말 낭만적인데! 남자 친구가 생긴다면 그곳에 제일 먼저 가야겠다.

1. 진나는 왜 한옥 마을에 가야 합니까?

2. 왕명이 말하려고 한 것은 무엇입니까?

3. 남산에서 할 수 있는 것은 무엇입니까?

4. 왕명이 진나에게 꼭 해 보라고 한 것은 무엇입니까?

>>> 친한 친구에게 쪽지를 남긴다면 어떤 내용을 남기고 싶습니까?

들어 봅시다

>>> 한국에 공부하러 오는 김에 또 할 수 있는 일은 무엇입니까?
서울을 홍보한다면 어디를 알리고 싶습니까?

I 다음을 듣고 질문에 답하십시오.

1. 성주와 진나 씨는 무엇에 대해 말하고 있습니까?

( )

2. 성주가 인사동에서 할 수 있는 것은 무엇이라고 말했습니까?

( )

3. 성주가 추천한 장소가 아닌 곳은 어디입니까?

① 한옥 마을　② 서울 타워　③ 청계천　④ 명동

4. 같으면 ○, 다르면 × 하십시오.

(1) 성주는 서울 타워에 별로 가고 싶지 않다. ( )
(2) 진나는 서울 타워와 같이 높은 곳에 올라가는 것을 싫어한다. ( )
(3) 진나와 성주는 케이블카를 타고 남산에 가기로 했다. ( )
(4) 청계천에 가면 물길을 따라 걸을 수 있다. ( )

>>> 서울 타워에 가 본 적 있습니까? 친구에게 그 경험을 이야기해 보십시오.

>>> 여러분 고향에서는 마을의 소식을 어떻게 알립니까?

Ⅱ 다음을 듣고 질문에 답하십오.

1. 무엇에 대한 내용입니까?

① 서울 타워 정전에 관한 내용
② 케이블카 운행 지연에 관한 내용
③ 서울 타워 특별 행사에 관한 내용
④ 서울 타워 영업 시간 연장에 관한 내용

2. 서울 타워는 언제 연장 영업을 합니까?

① 12월 25일, 12월 26일
② 2월 14일, 2월 15일
③ 12월 31일, 1월 1일
④ 1월 10일, 1월 11일

3. 같으면 ○, 다르면 × 하십시오.

(1) 관광객들을 위해 연장 영업을 결정하였다. (　　)
(2) 서울 타워는 12월 31일에는 아침 6시에 문을 연다. (　　)
(3) 서울 타워의 특별 연장 영업을 알리는 지역 뉴스이다. (　　)
(4) 1월 1일에는 평소보다 4시간 일찍 문을 연다. (　　)
(5) 순환 버스는 12월 31일과 1월 1일에 평소와 같은 시간에 운행된다. (　　)
(6) 연장 기간 동안 순환 버스 요금에 변동 사항이 없다. (　　)

4. 12월 31일 케이블카를 이용하는 남녀 커플에게는 어떤 혜택이 있습니까?

(　　　　　　　　　　　　　　　　　　　　)

5. 평소 서울 타워의 영업 시간은 몇 시입니까?

① 아침 10시~23시
② 새벽 6시~24시
③ 새벽 5시~20시
④ 아침 10시~새벽 2시

>>> 연말연시나 크리스마스와 같은 특별한 날에 서울 타워에 가 본 적 있습니까?
여러분의 나라에 있는 유명한 타워도 특별한 날에 연장 영업을 합니까?

말해 봅시다

I 여러분은 상대방에게 부탁할 때, 그리고 자신이 하려고 계획했던 것을 상대방이 먼저 물어볼 때 어떻게 말합니까? 문법 'V-는 김에', 'V-(으)려던 참이다'를 사용하여 상황에 맞게 이야기해 보십시오.

보기
가: 주말에 같이 쇼핑하지 않을래?
나: 응, 안 그래도 주말에 명동에 가려던 참이야.
가: 그럼 명동에 가는 김에 엄마 생신 선물 좀 같이 고르자. 뭘 사야 할지 모르겠어.
나: 그래. 알았어.

가	나
곧 어머니 생신인데 선물을 잘 못 고르겠다.	주말에 명동에 갈 계획이다.
오늘까지 도서관에 책을 반납해야 하는데 도서관에 갈 시간이 없다.	시험공부하러 도서관에 갈 생각이다.
쓰기 숙제를 다 했지만 아파서 도저히 학교에 갈 수가 없다.	오늘 학교에서 선생님을 만나기로 했다.
쉬는 시간에 1층 자판기에서 음료수를 사서 마시고 싶은데 나가기가 귀찮다.	쉬는 시간에 1층 화장실에 가려고 한다.
컴퓨터가 고장 나서 서비스 센터에 가야 하는데 한국말이 아직 서툴러서 걱정이다.	휴대폰에 문제가 생겨서 서비스 센터에 가려고 한다.

Ⅱ 우리 반은 서울에서 문화 체험을 할 예정입니다. 반 친구들과 같이 문화 체험 계획을 세워 보십시오.

전통과 문화를 알고 싶다면……	유행을 느끼면서 쇼핑을 하고 싶다면……
경복궁, 덕수궁, 창덕궁, 창경궁, 인사동, 서울 성곽, 북촌 한옥 마을, 한국의 집	청담동, 신사동 가로수길, 명동, 강남역 지하 상가, 동대문 시장, 고속터미널역 지하 상가

서울의 자연을 느끼면서 쉬고 싶다면……	다양한 공연과 전시회에 가고 싶다면……
한강 공원, 한강 수영장, 청계천, 한강 유람선, 올림픽 공원, 서울 숲, 월드컵 공원, 난지도 캠핑장	대학로, 예술의 전당, 서울 국립 극장, 홍대 거리

계획표

- 장 소:
- 날 짜:
- 모이는 시간:
- 준비물:
- 교통편:
- 비 용:
- 일 정:

읽어 봅시다

요즘에 타워가 있다면 옛날에는 탑이 있었습니다. 아래 사진은 한국의 유명한 절인 불국사에 있는 탑입니다. 여러분은 두 탑 중 어느 탑이 아름답다고 생각합니까? 두 탑에 어울리거나 관계있는 표현을 찾아 써 보세요.

3층 석탑 　 십 원짜리 동전 　 화려하다 　 소박하다 　 전형적이다 　 개성적이다

여러분 나라에도 사진과 같은 탑이 있습니까? 소개해 보세요.

I 다음을 읽고 질문에 답하십시오.

한국의 아름다운 석탑 중에는 불국사에 있는 석가탑과 다보탑이 있습니다. 다보탑은 '그림자가 있는 탑'이라고 하고, 석가탑은 '그림자가 없는 탑'이라 부르기도 합니다. 왜 이런 이름이 붙여졌을까요?

탑을 만든 사람은 백제의 유명한 석공 '아사달'입니다. 아사달이 결혼한 지 얼마 안 되었을 때 신라로부터 탑을 만들어 달라는 부탁을 받았습니다. 아사달은 사랑하는 아내 아사녀를 고향에 두고 탑을 만들기 위해 신라에 갔습니다. 불국사에 도착한 아사달은 아내가 그리웠습니다. 그렇지만 부처님께 탑을 잘 만들기를 ㉠빌면서 탑을 만들기 시작했습니다. 아사달은 먼저 불국사의 동쪽 탑인 다보탑을 완성했습니다. 그리고 서쪽 탑인 석가탑을 만드는 데 ㉡전념하고 있었습니다.

이때, 고향에서 남편을 기다리던 아사녀는 남편이 너무 보고 싶어서 참을 수가 없었습니다. 결국 아사녀는 남편을 찾으러 불국사로 왔습니다. 그러나 불국사의 스님은 남편을 못 만나게 했습니다. 아내가 와 있으면 탑을 완성하는 데 방해가 되니까 탑이 완성될 때까지 기다려 달라고 했습니다. 아사녀는 남편을 보고 싶었지만 절 밖에서 기다리기로 하였습니다.

사람들은 남편을 만나지 못하고 밖에서 기다리고 있는 아사녀를 불쌍하게 생각했습니다. 그래서 탑이 완성되면 그 그림자가 절 밖에 있는 연못에 비칠 것이고 그러면 남편을 만날 수 있을 것이라고 말해 주었습니다. 이 말을 들은 아사녀는 하루 종일 ㉢연못의 물만 쳐다보고 있었습니다. 그러나 아무리 기다려도 탑의 그림자는 비치지 않았습니다.

그러던 어느 날 밤, 물속에서 하얀 다보탑의 그림자가 보였습니다. 이것을 본 아사녀는 너무 반가워서 남편의 이름을 부르며 물속으로 뛰어들었습니다. 석가탑을 완성한 아사달은 아내 아사녀가 와서 기다리고 있다는 말을 듣고 달려왔으나 그리운 아내는 이미 물속에 빠진 뒤였습니다. 아사달은 미친 사람처럼 아사녀를 부르며 물속으로 뛰어들었습니다.

이후부터 아무리 기다려도 보이지 않았던 석가탑을 '그림자가 없는 탑'이라고 하였고, 아사녀의 눈에 보였던 다보탑을 '그림자가 있는 탑'이라고 하였습니다.

석탑 / 석공 / 전념하다 / 스님 / 연못 / 비치다

1. 윗글에서 쓰인 ㉠, ㉡의 뜻으로 알맞은 것은 무엇입니까?

① ㉠ – 빌리다 ㉡ – 생각하다
② ㉠ – 기원하다 ㉡ – 몰두하다
③ ㉠ – 외우다 ㉡ – 빠지다
④ ㉠ – 보다 ㉡ – 바꾸다

2. 윗글에서 ⓒ의 이유는 무엇입니까?

① 탑의 모양을 알고 싶어서

② 남편을 빨리 보고 싶어서

③ 연못의 물이 너무 아름다워서

④ 물속의 물고기를 구경하려고

3. 윗글의 내용과 다른 것은 무엇입니까?

① 아사녀는 아사달의 일을 방해했습니다.

② 아사녀와 아사달은 결국 만나지 못했습니다.

③ 아사달은 아내가 그리웠지만 맡은 일을 모두 끝냈습니다.

④ 스님은 탑을 만드는 것이 무엇보다 중요한 일이라고 생각했습니다.

세계에는 어떤 타워가 있을까요?

스페이스 니들

타이페이 101

도쿄타워

에펠탑

동방명주

페트로나스 트윈 타워

시어스 타워

시드니 타워

부르즈 할리파

롯데 타워

Ⅱ 다음을 읽고 질문에 답하십시오.

더 높이 오르려는 세계의 타워

세계에는 나라나 도시를 상징하는 유명한 타워가 있습니다. 세계의 타워들은 다양한 높이와 형태를 하고 있습니다. 최근에는 여러 나라가 도시의 명성을 위해 더 높은 타워를 건축하려고 하고 있습니다.

말레이시아에는 페트로나스 트윈 타워(Petronas Twin Tower)가 있습니다. 페트로나스 트윈 타워는 88층의 쌍둥이 빌딩인데 두 개의 빌딩이 서로 연결되어 있습니다. 페트로나스 트윈 타워는 타이페이의 101타워가 세워지기 전까지 세계에서 가장 높은 타워였습니다. 타이페이 101(Taipei 101)은 2004년에 완공되었습니다. 이 타워는 초고속 엘리베이터가 있는 것이 특징입니다. 두바이에는 이 두 타워를 뛰어넘는 높이의 버즈 두바이(Burj Dubai)가 있습니다. 전체 828m 높이의 버즈 두바이가 완공됨으로써 두바이는 세계에서 가장 높은 타워를 가졌다는 명성을 갖게 되었습니다. 버즈 두바이는 2010년 개장하면서 이름을 부르즈 할리파(Burj Khalifa)로 변경했습니다.

이와 같은 세계의 타워에 올라간다면 도시의 야경을 감상할 수도 있고 여러 가지 놀이 시설을 이용할 수도 있습니다.

명성 / 쌍둥이 / 완공되다 / 뛰어넘다

1. 무엇에 관한 내용입니까?

① 세계의 타워에 관한 내용　　② 세계의 유적지에 관한 내용
③ 세계의 도시에 관한 내용　　④ 세계의 건축 기술에 관한 내용

2. 나라와 타워를 바르게 연결해 보십시오.

① 말레이시아 •	• 부르즈 할리파(Burj Khalifa)
② 두바이 •	• 타이페이 101타워(Taipei 101)
③ 대만 •	• 페트로나스 트윈 타워(Petronas Twin Tower)

3. 글의 내용과 <u>다른</u> 것을 고르십시오.

① 세계의 타워들은 높이와 형태가 다양하다.
② 부르즈 할리파가 타이페이 101보다 더 높다.
③ 페트로나스 트윈 타워는 88층의 쌍둥이 빌딩이다.
④ 페트로나스 트윈 타워는 세계에서 가장 높은 타워이다.

써 봅시다

1 여러분 고향에는 어떤 명소가 있습니까? 고향의 명소에 대해 아래의 빈칸에 쓰십시오.

명소 이름

위치

특징

유명한 이유

명소에서 할 수 있는 일

Ⅱ 여러분 고향에는 어떤 명소가 있습니까? '우리 고향의 명소'라는 제목으로 글을 쓰십시오. 단, 아래에 제시된 내용이 모두 포함되어야 합니다.

- 고향에 어떤 명소가 있습니까? (명소의 이름, 위치, 특징 등)
- 그곳이 유명한 이유는 무엇입니까?
- 그곳에서는 무엇을 할 수 있습니까?

100

200

300

7과

바다로 여행을 가자면 준비할 게 많아요

– 바다로 여행을 가려면 무엇을 준비해야 될까요? –

배워 봅시다

피서	숙박비	바가지요금	성수기	배낭여행	해돋이
기후	지리	장마철	해안가	식중독	익히다
머무르다	여기다	지불하다	휩쓸리다	다짐하다	

연습

1. 다음 (　　　　　　)에 알맞은 단어를 쓰십시오.

피서　　　장마철　　　성수기　　　기후

(1) 한국의 여름은 덥고 습기가 많은 (　　　　　　)입니다.

(2) (　　　　　　)이 되면 집안 곳곳에 습기가 많아지기 쉽다.

(3) 방학 내내 (　　　　　　)를 가기 위해 아르바이트를 했어요.

(4) (　　　　　　)에 여행을 가면 사람이 많아서 재미있기는 해도 힘이 들어요.

2. 다음 (　　　　　　)에 알맞은 단어를 쓰십시오.

다짐하다　　　익히다　　　휩쓸리다

가: 엄마 저 다음 주에 여행을 가도 괜찮을까요? 저희 반 아이들 대부분이 여행을 간대요.

나: 글쎄, 너 그다음 주에 시험이 있지 않니? 그리고 요즘 해변에서 사고가 많이 난대.
　　그뿐만 아니라 식중독 때문에 위험하기도 하고.

가: 바다에서는 많이 놀지 않고 음식은 꼭 (　　　　　　) 먹을게요.

나: 그래도 시험이 있잖아. 친구들에게 (　　　　　　) 놀러 갈 생각만 하고, 좀 걱정이구나.
　　여행 전에 공부를 다 끝내 놓겠다고 (　　　　　　) 수 있겠니?

3. 다음 밑줄 친 단어와 바꿔 쓸 수 있는 단어를 쓰십시오.

지리　　　지불하다　　　해돋이

동해 바다로 MT를 갑니다. 회비는 한 사람에 3만 원이며 반장에게 1)돈을 내주십시오. 이번 여행에서는 2)해가 뜨는 것을 보러 갈 예정이니, 따뜻한 옷을 준비해 오시고, 혹시 물에서 놀다가 다쳤을 때 바를 비상약도 준비해 오십시오. 또한 동해의 3)길이나 지형이 잘 나타난 지도도 준비해 주십시오. 가기 원하는 분은 토요일까지 과 대표에게 신청해 주십시오.

(1) 돈을 내 주십시오 ⇨ (　　　　　)

(2) 해가 뜨는 것 ⇨ (　　　　　)

(3) 길이나 지형 ⇨ (　　　　　)

V-자면

새벽 5시에 출발하자면 일찍 자야 한다.

방을 다 정리하자면 두 시간도 부족하다.

시험에 합격하자면 열심히 공부해야 한다.

이 일을 잘 끝내자면 그 친구의 도움이 필요하다.

오후 6시까지 음식을 다 만들자면 서둘러야 한다.

연습

(1) 가: 부산까지 빨리 가는 방법이 뭐예요?

나: 여러 가지 방법이 있는데, 빨리 ______________________ 고속 열차를 타세요.

(2) 가: 이번 주말에 여행을 가나요? 그래서 이렇게 바쁜 거예요?

나: 네, 여행을 ______________________ 준비할 게 많잖아요.

(3) 가: 왜 가방을 안 샀어요?

나: 원하는 가방을 ______________________ 이 돈으로는 부족해요.

(4) 가: 어떻게 하면 지각을 안 할 수 있을까?

나: 지각을 안 하자면 ______________________.

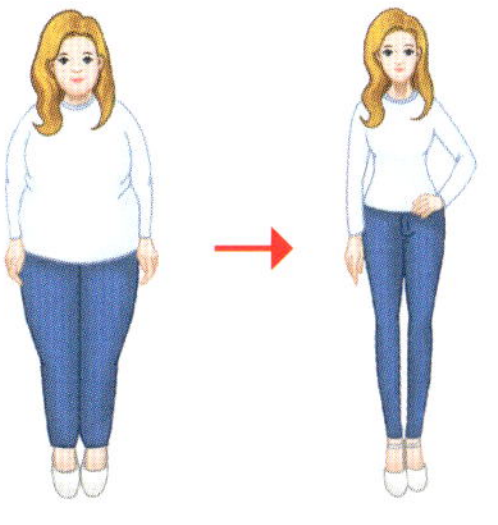

(5) 가: 진나야, 다이어트에 성공했구나. 어떻게 하면 되니?

나: ______________________.

N와/과 동시에 // V-는 동시에 // N인 동시에

가: 소식 들었어요? 진나 씨가 결혼한대요.
나: 졸업과 동시에 결혼을 한대요? 정말 부럽네요.

가: 한국 식당에서 아르바이트를 하면 뭐가 좋아요?
나: 돈을 버는 동시에 한국어도 배울 수 있어요.

가: 왕명 씨, 이제는 안 졸려요?
나: 수업이 끝나는 동시에 잠이 깼어요.

연습

(1) 가: 방학인데 왜 이렇게 바빠요?

나: 방학 시작과 ______________ 아르바이트를 시작했거든요.

(2) 가: 유미 씨, 댄스 동아리에 들어갔어요?

나: 네, 댄스 동아리는 춤을 ______________ 다이어트도 되니까 정말 좋아요.

(3) 가: 어떻게 텔레비전을 ______________ 책도 읽을 수 있어요?

나: 요즘은 두 가지 일을 동시에 할 수 있어야 성공하거든요.

(4) 가: 언제 남자 친구가 생겼어요?

나: ______________ 남자 친구가 생겼어요.

(5) 가: 수미 씨는 어떤 사람이에요?

나: 학생들의 선생님 ______________ 두 아들의 어머니이고,

어머니 ______________ 부모님의 딸이고, 딸 ______________

시부모님의 며느리예요.

A/V-아/어서 그래요 // N(이)라서 그래요

가: 엄마, 왜 유미는 엄마랑 같이 자요?
나: 유미는 아직 어려서 그래.

가: 저는 왕명이 한국 사람인 줄 알았어요.
나: 왕명이 한국말을 너무 잘해서 그래요.

가: 왜 AS 센터가 전화를 안 받는 거예요?
나: 오늘이 공휴일이라서 그래요.

연습

(1) 가: 이 책상 서랍은 왜 이렇게 안 열려요?

나: 오래된 ______________________.

(2) 가: 이번 여행을 경기도로 가는 이유가 뭐예요?

나: 그곳이 두세 시간밖에 안 걸리는 ______________________.

(3) 가: 이렇게 주차를 해 놓으시면 안 됩니다.

나: 죄송합니다. 지금 주차할 곳이 ______________________.

(4) 가: 컴퓨터가 고장이 났네요.

나: ______________________.

(5) 가: 성주는 친구들에게 왜 그렇게 인기가 많아요?

나: ______________________.

N에/에게 달려 있다 // V-기에/느냐에/는가에 달려 있다

가: 이번 주말에 여행 가는 것이 확실해요?
나: 글쎄요, 그건 그날 날씨에 달려 있어요.

가: 비수기라서 호텔비가 싸지 않을까요? 저는 민박은 불편해서 너무 싫어요.
나: 그러게요. 민박을 할지 호텔에 갈지는 숙박비에 달려 있지요.

가: 배낭여행을 가려는데 어떻게 하면 재미있게 다녀올 수 있을까요?
나: 여행의 즐거움은 무엇보다도 어떤 친구와 함께 가느냐에 달려 있어요.

연습

(1) 가: 이 음식을 먹으면 정말 날씬해질 수 있을까?

나: 이 음식은 도움만 줄 뿐이야. 모든 건 네 ____________________.

(2) 가: 저는 그동안 열심히 연습했으니, 오늘 면접은 성공할 수 있겠죠?

나: 그럼요, 잊지 마세요. 면접의 성공은 ____________________.

(3) 가: 음식이 정말 맛있네요.

나: 그렇지요? 음식의 맛은 ____________________.

(4) 가: 요즘 아이들은 버릇이 나쁜 것 같아요.

나: 맞아요. 아이들의 버릇은 ____________________.

(5) 가: 어떻게 하면 대학 생활을 재미있게 할 수 있어요?

나: ____________________.

대화해 봅시다

한국의 바다에 가 본 적이 있어요?
바다로 여행을 가자면, 무엇을 준비해야 할까요?

브라운 안녕하세요? 지난주에 2박 3일 동해 여행을 예약한 사람인데요.

여행사 직원 네, 브라운 씨군요. 무엇을 도와드릴까요?

브라운 다름이 아니라, 여행지를 변경할까 해서요. 한국 친구에게 물어보니까 동해 바다는 아이들과 함께 가기가 적당하지 않다고 해서 그래요.

여행사 직원 맞아요. 동해 바다는 물이 깊고 차가운 편이에요. 그런데 변경하자면 수수료를 지불하셔야 하는데 괜찮으시겠어요?

브라운 그건 괜찮습니다. 사실 이번 여행 장소의 결정은 저희 아이들이 즐겁게 놀 수 있느냐에 달려 있거든요. 재미와 동시에 안전까지 보장할 수 있는 곳으로 가고 싶은데 적당한 곳 좀 추천해 주세요.

여행사 직원 서해안 쪽은 물이 깊지 않고 파도가 없어서 안전한 데 비해 동해안보다 물이 깨끗하진 않아요.

브라운 그럼 남해안에는 괜찮은 곳이 없나요?

여행사 직원 남해안도 물이 따뜻하고 좋지만, 해수욕장보다는 섬과 맛있는 음식으로 유명한 곳이 더 많아요.

브라운 그럼 안전하게 물놀이를 즐길 수 있는 서해안이 낫겠네요.

여행사 직원 네, 알겠습니다. 아이들이 좋아할 만한 해수욕장으로 몇 군데 찾아서 다시 연락드리겠습니다.

1. 브라운 씨는 왜 전화를 했습니까?

2. 브라운 씨가 이번 여행에서 가장 중요하다고 생각하는 것은 무엇입니까?

3. 한국의 동해, 서해, 남해 바다의 특성을 알아보고 어느 곳으로 여행을 가면 좋을지 이야기 해 봅시다.

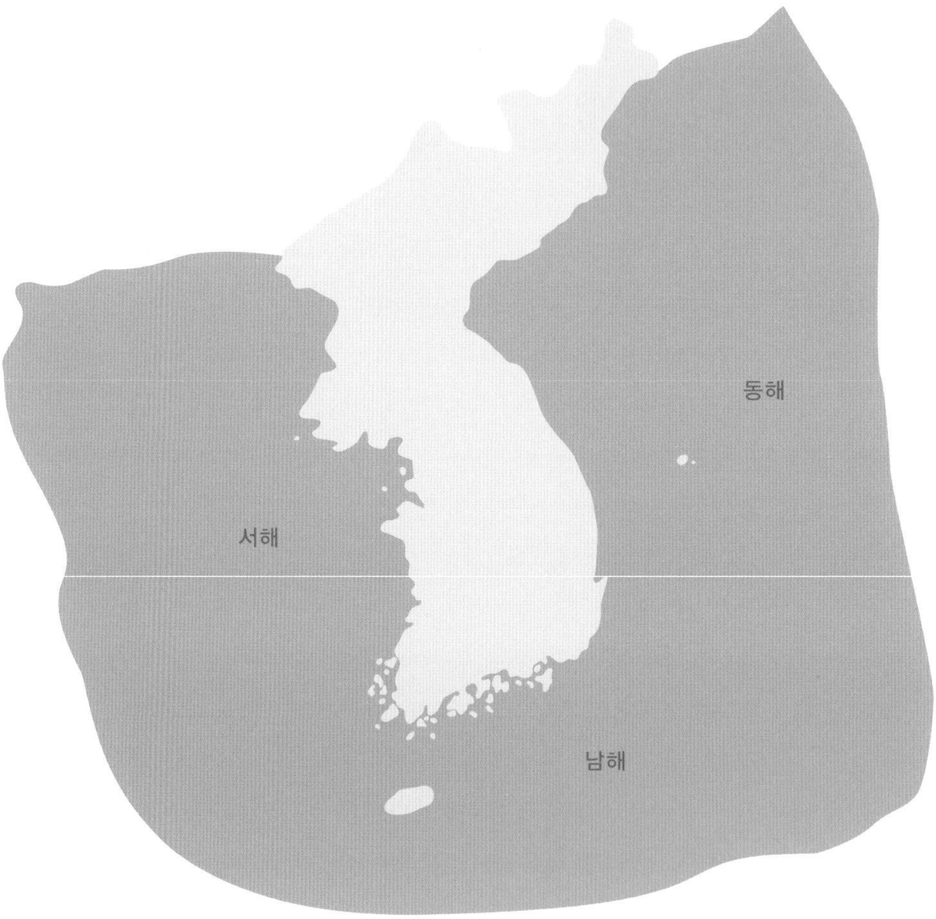

들어 봅시다

여행을 갈 때 무슨 계획을 짜야 할까요?

I 다음을 듣고 질문에 답하십시오.

1. 두 사람은 어떤 관계인 것 같습니까?

① 친구 ② 선배와 후배 ③ 직원과 손님 ④ 엄마와 딸

2. 두 사람이 이야기 한 내용이 아닌 것을 고르십시오.

① 장소 ② 음식 ③ 비용 ④ 준비물

3. 두 사람의 대화에 나오지 않은 것을 고르십시오.

① 여행 비용은 적게 들수록 좋다.
② 여행 이동 시간은 약 3시간쯤이 좋다.
③ 바다 여행을 가자면 반드시 다이어트를 해야 한다.
④ 수영복을 입지 않고 편안한 복장으로 해수욕을 해도 된다.

4. 위의 대화 다음에 이어질 내용은 무엇입니까?

① 다이어트 계획
② 비용과 준비물 결정
③ 어느 바다로 갈지 결정
④ 여름에 산에 가면 좋은 이유

>>> 여러분은 산과 바다 중에 어느 곳을 더 좋아합니까? 왜 그런지 이야기해 보십시오.
그리고 여러분이 다녀온 한국의 산과 바다에 대해 친구에게 소개해 보십시오.

한국의 어디를 여행해 봤어요?
지도를 보고 한국의 지역명을 이야기해 보세요.

Ⅱ 다음을 듣고 질문에 답하십시오.

1. 이 대화에서 아들의 목적은 무엇입니까?

   ① 엄마에게 허락받기
   ② 엄마의 화를 풀어 주기
   ③ 엄마에게 뉴스를 말해 주기
   ④ 엄마와의 관계를 좋게 만들기

2. 엄마가 걱정하는 것이 아닌 것은 무엇입니까?

   ① 수영 실력 ② 식중독 ③ 전염병 ④ 시험 성적

3. 아들이 피서를 갈 것 같은 곳을 고르십시오.

   □ 강원도 □ 경기도 □ 충청북도 □ 충청남도
   □ 경상북도 □ 경상남도 □ 전라북도 □ 전라남도
   □ 제주도 □ 울릉도 □ 독도 □ 부산

4. 아들은 언제 여행을 가기로 했습니까?

   (　　　　　　　　　　　　　　　　　　)

5. 아들이 여행을 가려면 어떻게 해야 합니까?

   (　　　　　　　　　　　　　　　　　　)

>>> 여행을 떠날 때 고려해야 할 것에는 무엇이 있습니까?
산이나 바다에서 주의해야 할 점에는 어떤 것들이 있습니까?

말해 봅시다

Ⅰ 여러분은 어떤 일이 무엇에 의하여 영향을 받을 때 어떻게 말합니까? 'N에/에게 달려 있다 // V-기에/느냐에/는가에 달려 있다'를 사용해서 이야기해 보십시오.

보기 가: 졸업 후에 우리는 무엇을 하고 있을까? 진짜 궁금하다.
나: 졸업 후 우리가 무엇을 하고 있느냐는 지금 우리가 얼마나 열심히 공부하느냐에 달려 있어.

결과	꼭 필요한 상황
우리 팀의 우승	선수들의 컨디션 회복
모임 참석	발표 끝나는 시간
주말 등산	주말 날씨
토픽 시험 합격	쓰기 시험 성적
즐거운 여행	같이 가는 친구

Ⅱ 앞에서 이야기한 내용을 가지고 친구들과 함께 바다 여행 계획을 세워서 발표해 보십시오. 그리고 완성된 계획을 발표해 보고 다른 조의 계획과 비교해 보십시오. 어떤 점이 같고 어떤 점이 다릅니까? 왜 그렇습니까?

<table>
<tr><th>결정할 사항</th><th>세부 선택 사항</th></tr>
<tr><td rowspan="2">여행 장소</td><td>

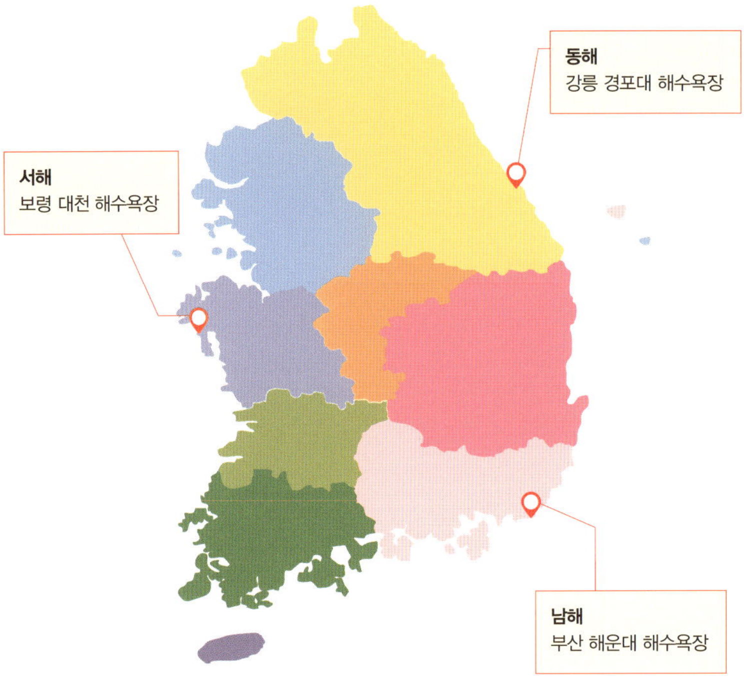

</td></tr>
<tr><td>

서해–보령 대천 해수욕장
서해안 최대 규모의 해수욕장.
수심이 얕고 수온이 따뜻함.
해수욕장 주변에 숙박 시설과 오락 시설, 편의 시설이 많이 있음.

동해–강릉 경포대 해수욕장
동해안 최대 해변.
물이 깨끗하나 수심이 깊음.
주변에 소나무 숲이 있어 해수욕과 산림욕을 동시에 즐길 수 있음.

남해–부산 해운대 해수욕장
부산의 대표 해수욕장.
수심이 얕고 바닷물이 잔잔함.
넓은 해변과 바다 주변에 빌딩과 고급 호텔들이 많음.

</td></tr>
</table>

읽어 봅시다

여행 회사를 통해 여행을 가려면 다음과 같은 계약서를 써야 합니다.
여행 계약서에 들어가 있는 내용에는 어떤 것들이 있을까요?

I 다음을 읽고 질문에 답하십시오.

<table>
<tr><th colspan="4">여행 계약서</th></tr>
<tr><td colspan="4">☑ 패키지 ☐ 자유 여행</td></tr>
<tr><td>여행 상품명</td><td>
</td><td>여행 기간</td><td>02. 10. ~ 02. 13.</td></tr>
<tr><td rowspan="2">여행자 보험</td><td>보험가입 ☑ 유 ☐ 무, 보험회사: 중앙 보험</td><td colspan="2">계약금액: 1억</td></tr>
<tr><td>보험 기간: 02. 10. ~ 02. 13. 까지</td><td colspan="2">피보험자: 홍길동</td></tr>
<tr><td>여행 인원</td><td>2 명 ※ 출발 최소 인원 10명</td><td>여행 지역</td><td>제주도</td></tr>
<tr><td rowspan="2">여행 요금</td><td>1인 요금: 300,000원</td><td colspan="2">총액: 600,000원</td></tr>
<tr><td colspan="3">계좌 번호: 우리은행 (100-900000-00001) / 예금주: 중앙 여행사</td></tr>
<tr><td>출발(도착) 일시 / 장소</td><td>출발: 02. 10. 12 시 00 분. 김포 공항
도착: 02. 13. 18 시 30 분. 김포 공항</td><td>교통 수단</td><td>항공기 (✓), 기차 ( ),
선박 ( ), 기타 ( )</td></tr>
<tr><td>숙박 시설</td><td>☑ 호텔 ☐ 여관 ☐ 기타,</td><td colspan="2">1실 투숙 인원 (2) 명</td></tr>
<tr><td>식사 횟수</td><td colspan="3">조식 (3)회, 중식 (4)회, 석식 (3)회</td></tr>
</table>

1. 여행 계약서에 제시된 다음 단어의 뜻을 생각해 보십시오.

조식	중식	석식	피보험자	선박
항공기	패키지여행	투숙 인원	최소 인원	가입 여부

2. 앞의 여행 계약서를 보고 알 수 있는 내용이 아닌 것을 고르십시오.

① 이 여행은 10명이 모이지 않으면 갈 수 없다.

② 숙박은 호텔에서 하며 두 명이 같은 방을 쓴다.

③ 제주도로 3박 4일 여행 가는 패키지 상품을 계약했다.

④ 계약자는 1인당 60만 원을 (주)중앙 여행사에 송금해야 한다.

3. 패키지여행과 자유 여행의 차이는 무엇입니까? 장점과 단점을 생각해 보십시오. 여러분은 어떤 여행을 가고 싶습니까?

다음 여행 일정표를 보며 어떤 여행이 될지 생각해 보세요.

Ⅱ 다음을 읽고 질문에 답하십시오.

여행 일정 및 관광지 소개

제1일	**무궁화호**	22:40	청량리역 출발
제2일	**정 동 진**	04:40	정동진역 도착 후 정동진 바닷가 관광 ㄴ 정동진 해돋이: 떠오르는 태양을 바라보며 다짐하기
		08:30	수산 시장
	바다 열차	12:08	동해의 바다 열차 즐기기
	강 릉	13:18	강릉역 도착, 중식
	대 관 령	15:20	대관령 목장 ㄴ 각종 영화, 드라마 촬영지 앞에서 사진 찍기
	강 릉 역	18:00	강릉역 도착, 석식
		18:53	서울행 열차 출발
	청량리역	20:44	청량리역 도착

자, 그럼 여행을 떠나 볼까요? 청량리역에서 서울을 떠나 정동진역으로 출발! 정동진이라는 이름은 서울 광화문에서 동쪽으로 계속 가면 나오는 바닷가라고 해서 붙여졌습니다. 이 역은 세계에서 바다와 가장 가까운 역으로 기네스북에 올라 있습니다. 1994년 SBS 드라마 '모래시계'가 방영되면서 더욱 유명해진 곳입니다. 그래서 한적하고 작았던 역이 주변의 예쁜 카페와 숙박 시설로 인해 번화한 곳으로 바뀌었습니다. 이곳에서 밤을 새우고 기다렸다가 새벽에 떠오르는 해를 보며 앞으로의 계획을 다짐할 수 있습니다.

그리고 모든 좌석이 옆 창을 바라볼 수 있게 만들어진 바다 열차를 타고 경치를 감상하면서 강릉역으로 갑니다. 이 열차는 일반 열차와는 달리 앞 좌석을 보고 앉는 것이 아니라 경치를 정면으로 보면서 갑니다.

강릉역에서 점심을 먹은 후 ㉠<u>한국의 알프스라고 불리는 대관령 목장으로 갑니다</u>. 대관령 양 떼 목장은 대관령 정상에 있습니다. 그곳에서 보는 풍경은 마치 그림같이 아름답습니다. 국내에 하나뿐인 양 목장인 이곳에서 양들에게 먹이를 주면서 양들과 대화를 나눌 수 있습니다. 그리고 환상적인 산책로를 만날 수도 있습니다. 여러분의 일상의 모든 고민들은 잊어버리고 대관령의 자연 속에서 감동과 추억을 간직할 수 있습니다.

기네스북 / 방영되다 / 한적하다 / 번화하다 / 정면 / 목장 / 양 떼 / 먹이 / 산책로 / 간직하다

1. 앞의 여행 일정표를 읽고 알 수 있는 것이 <u>아닌</u> 것은 무엇입니까?

① 이 여행은 해돋이를 보러 동해안으로 간다.

② 일정은 1박 2일이며 숙박은 호텔에서 한다.

③ 이 여행 상품은 식사가 2번 포함되어 있다.

④ 이 여행 상품에는 바다 열차를 타는 일정이 포함되어 있다.

2. '바다 열차'가 '일반 열차'와 <u>다른</u> 특징은 무엇입니까?

(   )

3. '㉠'은 무슨 의미인지 말해 보십시오.

써 봅시다

Ⅰ 여러분은 기억에 남는 여행이 있습니까? 그 여행에 대해 아래 빈칸에 쓰십시오.

제목		( )
여행 장소		
여행 시기(기간)		
같이 간 사람		
숙박 장소		
교통편		
여행 일정	여행 전 느낌	
	여행 일정 및 감상	
	여행 후 느낌	

Ⅱ 여러분의 기억에 남는 여행에 대해서 여행 감상문을 쓰십시오.

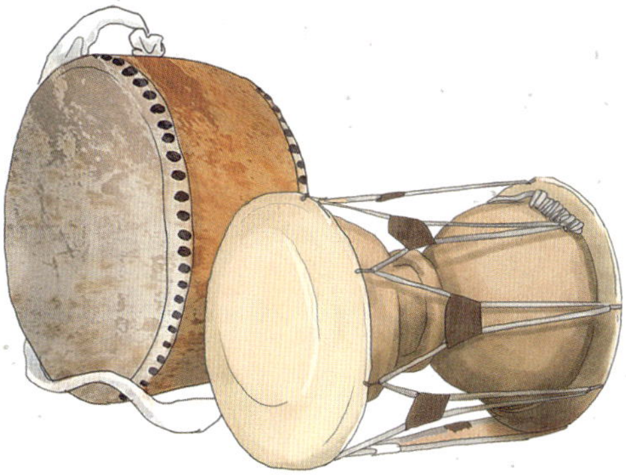

8과

마당놀이가 흥겹더라고요

- 위의 사람들은 무엇을 하고 있는지 아세요? -

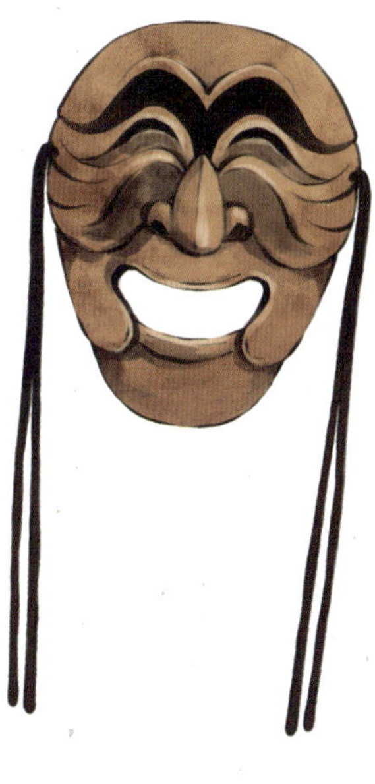

배워 봅시다

하회탈	탈춤	관중	광대	가면극	마당놀이
사물놀이	몸짓	덩실덩실	막상	출전하다	협연하다
수상하다	신경 쓰다	이어지다	빠지다	전래하다	흥겹다
배려하다	엄청나다	상관하다	불평하다		

연습

1. 다음 설명에 맞는 것을 쓰십시오.

(1) 옛날부터 내려오다 (　　　　)

(2) 매우 신이 나서 즐겁다 (　　　　)

(3) 아주 작은 일까지 주의를 기울이다 (　　　　)

2. 다음 단어와 뜻이 비슷한 말을 연결하십시오.

(1) 탈춤 • 　　　　• 동작

(2) 관중 • 　　　　• 배우

(3) 광대 • 　　　　• 가면무

(4) 몸짓 • 　　　　• 관람객

3. 다음 (　　　　)에 알맞은 단어를 쓰십시오.

마당놀이	막상	이어지다	몸짓

(1) 한국의 민속놀이인 (　　　　)에는 사물놀이, 탈춤이 있다.

(2) 생각만 하다가 (　　　　) 직접 해 보려니까 굉장히 떨린다.

(3) 한국에서는 설날에 부모님께 절하는 전통이 (　　　　) 있다.

(4) 인간은 말뿐만 아니라 (　　　　)으로 생각을 표현할 수 있다.

4. 다음 밑줄에 공통으로 들어가는 말을 고르십시오.

빠지다 출전하다 수상하다 협연하다

(1) 전쟁에 ( ). / 올림픽 경기에 ( ).

(2) 강에 ( ). / 유혹에 ( ). / 사랑에 ( ).

(3) 훌륭한 음악가들이 모두 모여 ( ).

이번에 오케스트라와 ( ) 연주자는 세계적으로 유명한 피아니스트이다.

(4) 노래 대회에서 ( ) 경력이 있다.

우수상을 ( ) 후에 소감을 말했다.

5. 움직이는 모양을 나타내는 표현을 배워 봅시다.

덩실덩실 살금살금 방글방글 깡충깡충

(1) 그분은 신이 나서 어깨를 움직이며 ( ) 춤을 추셨어요.

(2) 아기가 기분이 좋아서 ( ) 웃고 있어요.

(3) 합격 소식을 듣고 아주 기뻐서 ( ) 뛰었어요.

(4) 모두가 잠든 사이에 소리를 내지 않고 ( ) 집을 나왔어요.

하회탈

N당

마리당 5,000원 하는 닭을 샀다.

이 일은 시간당 보수가 얼마예요?

1인당 국민 소득이 많이 높아졌다.

케이크는 열 명당 한 개씩 준비했다.

요즘 환율은 달러당 1,300원이 넘는다.

연습

국민 소득: 1인당 2만 달러

(1) 환율: ____________________.

(2) 아르바이트 시간 임금: ____________________.

(3) 피자 가격: ____________________.

(4) 한 집의 자전거 대수: ____________________.

(5) 볼펜 가격: ____________________.

(6) 학생 수와 교과서의 수: ____________________.

(7) 토마토의 무게와 가격: ____________________.

(8) 구두의 공장 가격: ____________________.

시간　달러　판　켤레　자루　킬로그램　집　명

A/V-던 // N(이)던

가: 저 남자는 그때 그 사람이 아닌 것 같아요.
나: 맞아요. 그렇게 멋있던 사람이 완전히 다른 사람처럼 변했네요.

가: 뭘 그렇게 열심히 찾고 있어요?
나: 내가 마시던 커피가 어디 있는지 잘 모르겠어요.

가: 마라톤에서 누가 일등을 했어?
나: 조금 전까지 2등이던 사람이 벌써 일등이 됐어.

연습

(1) 가: 저기에 책이 있네요. 저 책이 맞아요?

나: 맞아요. 저 책이에요. 제가 ____________________ 책이에요.

(2) 가: 저 커피숍에 가 본 적이 있어요?

나: 그럼요, 제가 작년에 자주 ____________________ 커피숍이에요.

(3) 가: 무슨 노래를 듣고 있어요?

나: 고등학교 때 친구들과 자주 ____________________ 노래예요.

(4) 가: 요즘 환경오염이 심각한 것 같아요.

나: 그래요. 저희 고향에서도 ____________________ 강이 오염됐어요.

(5) 가: 그 친구와 언제부터 친하게 지냈어요?

나: 제가 초등학교 ____________________ 때부터 친하게 지냈어요.

A/V-더라고요 // N(이)더라고요

가: 어제 본 영화는 어땠어요?
나: 별로 기대 안 했는데 막상 보니까 참 재미있더라고요.

가: 친구는 지금 집에서 뭐 해요?
나: 집에 가 보니까 열심히 인터넷을 하더라고요.

가: 그 사람을 알고 있어요?
나: 처음에는 몰랐는데 자세히 보니까 제 친구더라고요.

연습

(1) 가: 그때 친구는 뭐 하고 있었어요?

나: 일어난 줄 알았는데 잠을 자고 ______________________.

(2) 가: 세탁기를 사서 쓰니까 편하죠?

나: 네, 써 보니까 정말 ______________________. 잘 산 것 같아요.

(3) 가: 왜 우산을 가지고 와요? 비도 안 오는데.

나: 안성에 갔는데 갑자기 비가 ______________________. 그래서 하나 샀어요.

(4) 가: 우체국에 간다고 했잖아요. 갔어요?

나: 아니요, 생각해 보니까 오늘이 우체국 쉬는 ______________________.

(5) 가: 고향에 가서 친구를 만났어요?

나: 친구가 회사 일이 많아 ______________________. 그래서 전화만 했어요.

A/V-거나 말거나

가: 그 친구에게 도움이 정말 필요한 것 같아요.
나: 그 친구가 도움이 필요하거나 말거나 난 신경 쓰고 싶지 않아요.

가: 사람들이 웃을까 봐 노래도 잘 못 하겠어요.
나: 사람들이 웃거나 말거나 신경 쓰지 마세요.

가: 올 때까지 여기서 기다릴게요.
나: 기다리거나 말거나 마음대로 하세요. 난 상관하지 않아요.

연습

(1) 가: 라디오 소리가 너무 시끄러워서 공부를 할 수가 없어요.

나: 라디오 소리가 ______________________ 공부에 집중하세요.

(2) 가: 그 사람이 나를 싫어하면 어떻게 해요?

나: 그 사람이 ______________________ 해야 할 일을 하세요.

(3) 가: 저희 회사는 야근을 너무 자주 해서 힘들어요.

나: 야근을 자주 ______________________ 불평하지 말고 열심히 해 봐.

(4) 가: 그 사람이 시험에 떨어지면 어떡하지? 걱정된다.

나: 뭘 그렇게 걱정해? 그 사람이 시험에 ______________________ 너랑 무슨 상관이 있어?

(5) 가: 친구에게 하고 싶었던 이야기는 했어요?

나: 네, 그 친구가 ______________________ 하고 싶은 말을 다 하고 왔어요.

대화해 봅시다

공연을 본 적이 있습니까?
여러분 나라에도 탈춤과 비슷한 공연이 있습니까?
대회에 참석했거나 대회에서 상을 받아 본 경험이 있습니까?

사회자 지금부터 탈춤 대회 대상을 발표하겠습니다. 대상을 수상하실 분은, 바로 마지막 팀입니다. 중앙대 한국어교육원 팀 나오세요.

유 미 정말 고맙습니다.

사회자 축하합니다. 잠깐 소감을 말씀해 주시겠어요?

유 미 심사 위원 여러분과 연습을 도와주신 선생님께 감사드립니다. 그리고 같이 연습하던 친구들에게도 감사하다는 말을 하고 싶습니다.

사회자 출전했을 때 대상을 받을 거라고 예상했습니까?

유 미 아니요, 전혀 생각 못 했어요. 저희는 이렇게 큰 대회에 처음 참가하는 것이라서 엄청나게 떨렸어요. 그렇지만 다른 팀이 잘하거나 말거나 신경 쓰지 말자고 친구들과 이야기했어요.

사회자 대회 준비는 얼마 동안 하셨어요?

유 미 3개월 정도 했어요. 수업이 끝난 후에 평일은 물론 주말에도 모여서 연습을 했어요. 그리고 연습에 참석하지 못한 사람은 개인당 2시간씩 따로 연습을 더 했어요.

사회자 마지막 질문인데요, 탈춤의 좋은 점이라면 어떤 것이 있을까요?

유 미 친구들과 함께 생활하면서 다른 사람을 더 이해하거나 배려하게 되니까 좋고요. 또 몸을 많이 움직이니까 건강에도 좋더라고요.

1. 유미의 수상 소감을 가장 잘 표현한 것은 무엇입니까?

- ☐ 한국어 공부를 했을 때의 추억을 말하고 있다.
- ☐ 공연을 준비하면서 힘든 일에 대해 말하고 있다.
- ☐ 감사의 말과 연습 과정에 대해 말하고 있다.

2. 유미는 친구들과 함께 탈춤을 연습하면서 무엇을 배웠습니까?

3. 여러분이 지금 유미라면 기분이 어떨지 한마디로 표현해 보십시오.

4. 발표 준비를 위해 친구들과 오랜 시간을 함께 지내본 적이 있습니까? 공동 작업에서 얻을 수 있는 것과 조심해야 할 것은 무엇입니까?

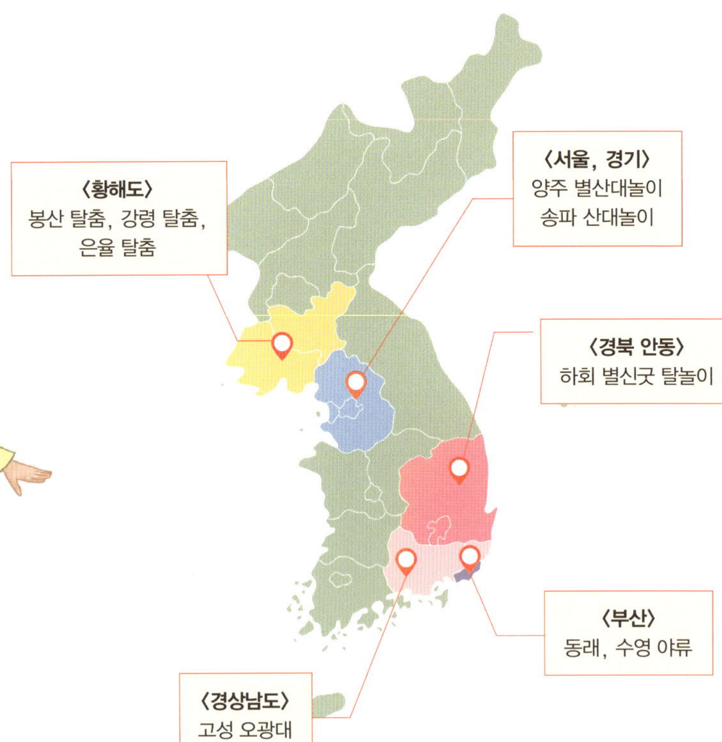

다음 악기 사진을 보고, 종류에 알맞은 악기를 고르고 이름을 말해 보세요.

① 현악기: 줄을 움직여서 소리를 내는 악기 (　　　)

② 타악기: 두드리거나 쳐서 소리를 내는 악기 (　　　)

③ 관악기: 입으로 불어서 소리를 내는 악기 (　　　)

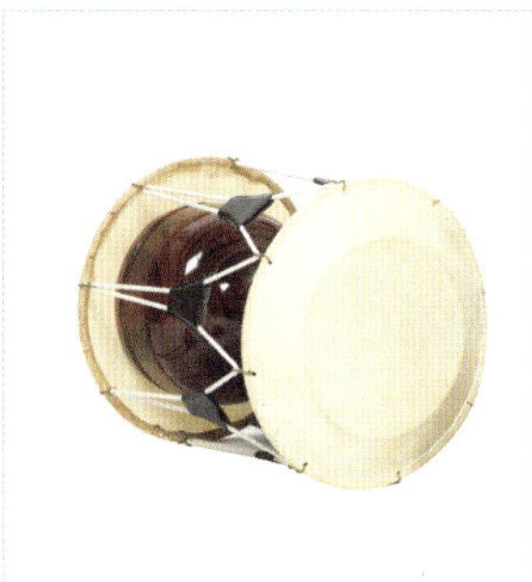

ㄱ

ㄴ

ㄷ

ㄹ

ㅁ

ㅂ

ㅅ

ㅇ

ㅈ

여러분 나라에도 이 공연과 비슷한 것이 있습니까?
여러분 나라의 전통 공연과 전통 악기에 대해 말해 보십시오.

들어 봅시다

다음은 어떤 공연입니까? 본 적이 있습니까?

풍물놀이

뮤지컬

탈춤

오페라

Ⅰ 다음을 듣고 질문에 답하십시오.

1. 들은 내용과 같은 것은 무엇입니까?

① 안동 탈춤의 탈은 500년 동안 많이 변해 왔다.

② 남자 탈은 여자 탈에 비해 얼굴의 표정이 잘 나타나 있다.

③ 안동 탈춤은 마을 사람들이 직접 만든 탈로 추는 탈춤이다.

④ 안동 탈춤에 등장하는 탈은 남자 탈이나 여자 탈이나 특징은 비슷하다.

2. 다음 사진을 보고 맞는 탈을 연결하십시오.

(1) 양반 탈 •　　　　　　　　　　•

(2) 이매 탈 •　　　　　　　　　　•

(3) 각시 탈 •　　　　　　　　　　•

3. 탈의 설명 중 다른 것은 무엇입니까?

① 백정 탈은 턱과 얼굴이 분리되어 있다.

② 선비 탈은 몹시 화가 난 모습을 하고 있다.

③ 부네 탈은 다른 여자 탈처럼 미소가 가득하다.

④ 할미 탈은 할머니를 표현한 탈로 얼굴에 주름이 많다.

4. 초랭이 탈의 특징은 무엇인지 쓰십시오.

(　　　　　　　　　　　　　　　　　　　　　　　　　　)

>>> 다음 공연을 본 적이 있습니까?

Ⅱ 다음을 듣고 질문에 답하십시오.

1. 어제 본 공연은 무엇입니까?

   (   )

2. 마당놀이에 포함되는 공연에는 어떤 것이 있습니까?

   (   )

3. 여자가 공연에서 가장 기억에 남는다고 한 부분은 어떤 장면입니까?

   ① 함께 춤을 추는 장면　　② 재미있고 흥겨운 장면
   ③ 오페라와 비슷한 장면　　④ 심청이 아버지가 앞을 보는 장면

4. 이 공연은 어떤 이야기로 만들었겠습니까? 추측해 보십시오.

   ① 형을 도와주는 동생의 이야기　　② 딸을 사랑하는 부모의 이야기
   ③ 왕에게 충성하는 신하의 이야기　　④ 아버지께 효도하는 딸의 이야기

5. 여자가 생각하는 이 공연의 특징이 아닌 것은 무엇입니까?

   ① 연기자와 관객이 함께 울고 웃는다.
   ② 관객이 공연에 참여하는 것이 어렵다.
   ③ 공연 중에 연기자는 관객과 대화한다.
   ④ 공연이 끝나면 연기자와 관객이 함께 춤을 춘다.

>>> 여러분은 이 이야기에 대해 들어 본 적 있습니까? 어떤 이야기입니까?
여러분 나라에도 비슷한 이야기가 있습니까?

말해 봅시다

Ⅰ 여러분은 과거에 경험한 일에 대해 다른 사람에게 이야기할 때 어떻게 말합니까? 다음과 같은 상황에서 할 수 있는 대화를 'A/V-더라고요'를 사용해서 이야기해 보십시오.

보기

가: 주말에 가수 ○ ○ ○ 콘서트에 갔다 왔어요.
나: 그래요? 그 가수 어때요? 키가 커요?
가: TV에서 볼 때는 몰랐는데 직접 보니까 키가 크더라고요.
나: 노래는 잘해요?
가: 네, 노래도 잘하고 춤도 잘 추더라고요. ……

상 황	알게 된 사실
주말에 가수 ○ ○ ○ 콘서트에 갔다 왔다.	• 가수의 외모 (얼굴, 키, 옷 ……) • 노래 실력 • 구경 온 사람
소개팅에서 이성 친구를 소개 받았다.	• 외모, 성격, 직업, 취미, 나이 등
남자/여자 친구 집에 가서 친구 가족도 만나고 집 구경도 하고 식사도 하고 왔다.	• 사는 곳, 가족 • 집에서 본 것, 집에 있는 것
서울 명소/유명한 관광지에 갔다 왔다. (동대문 시장, 인사동, 서울 타워……)	• •

Ⅱ 다음은 한국의 옛날이야기 '심청전'의 내용입니다. 앞의 이야기를 읽고, 마지막 이야기를 만들어 보십시오.

옛날 어느 마을에 앞을 못 보는 심 봉사에게 심청이라는 어린 딸이 태어났습니다. 심 봉사는 심청이 태어나자 남의 집에 음식을 얻어 심청을 키웠습니다. 소녀로 자란 심청은 아버지를 위해 남의 집안일을 대신해 주면서 살았습니다.

어느 날 일하러 간 심청을 찾으러 심 봉사가 마을로 가기 위해 다리를 건너다가 물에 빠졌습니다. 그때 지나가던 스님이 심 봉사를 구해주었습니다. 심 봉사를 구해준 스님은 심 봉사에게 앞을 볼 수 있는 방법을 이야기해 주었습니다. 스님이 말해 준 방법은 부처님께 공양미 삼백 석을 바치는 것이었습니다. 심 봉사는 스님에게 공양미 삼백 석을 바치겠다고 약속했습니다. 하지만 가난한 심 봉사는 약속을 지킬 방법이 없어 걱정하다 몸이 아팠습니다. 심 봉사를 걱정한 심청은 심 봉사에게 물어 그동안 있었던 일을 듣게 되었습니다. 심청은 심 봉사에게 꼭 공양미 삼백 석을 구하겠다고 말했습니다.

그때 마을에는 바다에서 배를 타는 사람들이 바다에 바칠 처녀를 구하러 다녔습니다. 그들은 바다의 파도가 너무 높아서 바다를 건널 수가 없었는데 처녀를 바다에 바치면 괜찮다고 해서 처녀를 찾고 있는 중이었습니다. 심청은 고민하다 공양미 삼백 석을 받고 제물이 되기로 했습니다. 다음 날 심청을 찾아온 남자들과 심청은 집을 떠났습니다. 심 봉사가 이 사실을 알고 달려왔으나 심청은 배를 타고 떠났습니다. 그리고 아버지가 눈을 뜨기를 바라며 바다에 뛰어들었습니다. 심청이 바다로 뛰어들자 파도가 거짓말처럼 조용해졌습니다.

바다에 빠진 심청은 어떻게 되었을까요? 얼마 후 바다 위에는 큰 연꽃이 떠올랐습니다. 사람들은 바다에 연꽃이 있는 것이 신기해서 연꽃을 왕에게 바쳤습니다. 왕이 연꽃을 만지니까 연꽃이 열렸습니다. 열린 연꽃 안에는 심청이 있었습니다. 왕은 많이 놀랐지만 심청은 왕에게 그동안의 일을 이야기했습니다. 심청의 착한 마음에 반한 왕은 심청과 결혼을 했습니다. 그리고 심청의 아버지를 찾기 위해 앞을 못 보는 사람들을 위한 잔치를 열어 주었습니다. 그리고 마지막 날 드디어 심청이 그렇게 기다리던 심 봉사도 이 잔치에 참석하게 되었습니다.

심청은 잔치에 참석한 심 봉사를……

〈여러분이 끝 부분을 만들어 이야기를 완성해 보세요〉

읽어 봅시다

세계에는 어떤 가면극이 있을까요?

한국의 탈춤

일본의 노[能樂]

중국의 경극

I 다음을 읽고 질문에 답하십시오.

허 도령과 탈 이야기

옛날 하회 마을이라는 곳에 계속해서 ㉠나쁜 일만 일어났습니다. 그런데 그 재앙은 마을 사람들의 힘으로 도저히 막을 수 없었습니다. 그러던 어느 날, 그 마을에 살고 있는 허 도령이라는 사람의 꿈에 신이 나타나서 ㉡마을을 구할 수 있는 방법에 대해 말해 주었습니다.

신은 탈을 12개 만들어서 그것을 쓰고 굿을 하면 재앙이 없어질 것이라고 하였습니다. 그렇지만 탈을 다 만들 때까지 아무도 그것을 보면 안 된다고 하였습니다.

허 도령은 꿈에서 깨어나자마자 목욕을 하고 문밖에 금줄을 쳐서 다른 사람들이 들어오지 못하게 하였습니다. 문을 잠근 채 오랜 시간 동안 탈을 만드는 데 몰두하였습니다.

그때 허 도령을 사랑하던 마을 처녀가 허 도령이 너무 그리워서 금줄을 넘어 허 도령이 탈을 만들고 있는 집으로 들어갔습니다. 그리고 방의 문에 구멍을 뚫고 허 도령의 모습을 보았습니다. 아무도 보면 안 된다는 신의 말씀을 어긴 것입니다.

그 순간 '이매 탈'을 만들고 있던 허 도령은 피를 토하면서 죽었습니다. 그래서 '이매 탈'은 지금까지 턱이 없이 전해져 오고 있다고 합니다.

도령 / 재앙 / 도저히 / 굿을 하다 / 금줄 / 구멍을 뚫다 / 토하다

1. 이 글은 무엇에 대한 것입니까?

① 탈춤 축제를 광고하는 글

② 탈을 만들게 된 이야기 소개

③ 허 도령의 죽음을 알리는 글

④ 허 도령의 일생을 소개하는 글

2. 윗글에서 ㉠과 바꾸어 쓸 수 있는 것을 본문에서 찾아 쓰십시오.

(   )

3. '㉡ 마을을 구할 수 있는 방법'은 무엇입니까?

(   )

4. 허 도령이 금줄을 친 이유는 무엇입니까?

① 마을 처녀를 좋아하지 않아서

② 도둑이 들어올까 봐 무서워서

③ 아무도 들어오지 못하게 하려고

④ 탈을 만드는 방법을 비밀로 하려고

>>> 여러분 나라의 전통 공연과 전통 악기에 대해 말해 보세요.

Ⅱ 다음을 읽고 질문에 답하십시오.

사물놀이에 대해 들어보신 적이 있으십니까? 사물놀이는 한국의 타악기인 꽹과리, 장구, 북, 징을 이용해 연주하는 음악의 종류를 말합니다. 네 가지 악기를 이용해서 아름다운 한국의 장단을 느끼게 하는 놀이입니다. 사물놀이는 옛날부터 이어져 온 전통놀이는 아닙니다. 물론 이런 형식의 음악이 있던 것이지만 사물놀이가 이런 형식으로 태어난 것은 1978년의 일입니다. 사물놀이는 농민들이 하던 풍물놀이에서 시작되었습니다.

사물놀이의 장단은 느린 것부터 아주 빠른 것까지 다양하게 이루어져 있어서 곡이 지루하지 않고 힘이 있습니다. 그리고 한 번 들으면 춤을 추고 싶을 만큼 흥겹습니다. 그리고 요즘 다른 음악과 함께 연주되면서 활발하게 그 영역이 넓어지고 있습니다. 예를 들면 한국의 다른 전통 음악이나 서양음악, 대중음악과도 협연하고 있습니다. 이렇듯 사물놀이는 흥겨운 장단으로 여러 음악과 협연하면서 국내는 물론 국외에서도 널리 사랑을 받게 되었습니다.

1. 무엇에 대한 글입니까?

( )

2. 이 공연에는 어떤 악기가 필요합니까?

□ 피리 □ 가야금 □ 꽹과리 □ 거문고 □ 장구
□ 북 □ 징 □ 아쟁 □ 나발

3. 이 공연의 장점은 무엇입니까?

① 장단이 반복돼서 지루하다.
② 장단이 흥겨워서 춤을 추고 싶다.
③ 모든 악기를 이용해 사물놀이를 할 수 있다.
④ 전통적인 장단이므로 현대 음악과는 어울리지 않는다.

4. 사물놀이는 어떤 음악과 같이 연주되고 있습니까?

( )

>>> 여러분 나라에도 이 공연과 비슷한 것이 있습니까?

써 봅시다

1 여러분 고향이나 나라에 어떤 전통 공연이 있습니까? 그 전통 공연에 대해 간단히 쓰십시오. 그리고 그 전통 공연이 우리에게 어떤 도움을 주는지도 쓰십시오.

전통 공연 이름	
공연하는 사람 수	
공연 내용	
공연 느낌	
전통 공연의 현실	
우리에게 주는 도움	
전통 공연을 지켜야 하는 이유	

Ⅱ 여러분 나라의 전통 공연에 대해 소개하고, 그 전통 공연을 지켜야 하는 이유에 대해서도 쓰십시오.

- 여러분 고향이나 나라에 어떤 전통 공연이 있습니까?
- 그 전통 공연이 우리에게 어떤 도움을 줍니까?
- 우리가 전통 공연을 지켜야 하는 이유는 무엇입니까?

100

200

300

9과

차를 마시니 마음의 여유가 생기던데요

- 어떤 차를 좋아해요? 좋아하는 이유가 뭐예요? -

배워 봅시다

인생	겸손	미덕	조언	정적	동적
객관적	집중	정서적	효능	비판	타당성
갈증	차분하다	건전하다	깨우치다	차지하다	음미하다
다스리다	고요하다				

연습

1. 다음 (   )에 알맞은 단어를 쓰십시오.

인생　　조언　　건전하다　　깨우치다

유미는 바쁘고 귀찮다는 이유로 모임에 거의 참석하지 않는다. 그래서 선배가 대학 생활을 할 때는 사람들과의 만남을 중요하게 생각해야 한다고 (   )을 했다. (   )은 혼자 살 수 있는 게 아니니까 다양한 모임을 통해서 (   ) 인간관계를 만드는 것이 중요하다는 것이다. 유미는 선배의 말을 듣고 자신의 잘못을 (   ) 앞으로는 모임에 꼭 참석하기로 했다.

2. 단어의 의미가 반대되는 것을 찾으십시오.

(1) 정적 •　　　　• 동적
(2) 고요하다 •　　　　• 주관적
(3) 객관적 •　　　　• 시끄럽다

3. 단어의 의미가 비슷한 것을 찾으십시오.

(1) 갈증 •　　　　• 안정되고 조용하다
(2) 차분하다 •　　　　• 목이 마르다
(3) 조언 •　　　　• 충고

4. 다음 (　　　　　)에 알맞은 단어를 보기에서 찾아 쓰십시오.

음미하다	정서적	정적이다	다스리다

차를 마실 때 지켜야 할 예절을 다도라고 한다. 이것은 다구를 사용하여 차의 맛을 (　　　　　) 것이다. 다도는 차를 고요하게 (　　　　　) 분위기에서 즐기는 것이기 때문에 마음을 (　　　　　) 수 있는 좋은 방법이다. 따라서 다도는 (　　　　　)으로 안정감을 느끼고 싶을 때 유용하다.

5. 다음 대화를 보고 (　　　　　)에 알맞은 단어를 보기에서 찾아 쓰십시오.

다스리다	미덕	정서적	집중	겸손

(1) 가: 왕명 씨는 과목 중에서 잘하시는 게 뭐예요?
나: 전 특별히 잘하는 게 하나도 없어요.
가: 무슨 말씀이에요. 어제 보니까 체육을 잘하던데요.
잘하는 것은 다른 사람들에게 자랑해야지요.
너무 (　　　　　)한 것은 요즘에는 (　　　　　)이 아니에요.

(2) 가: 다른 곳에 신경 쓰지 않고 어느 한 곳에 (　　　　　)하려면 무엇보다 (　　　　　)으로 안정이 되어 있어야 해요.
나: 그럼 어떻게 하는 게 좋을까요?
가: 먼저 마음을 (　　　　　) 방법을 훈련해야 해요. 명상도 좋은 방법이에요.

6. 다음 (　　　　　)에 공통으로 들어가는 단어를 쓰십시오.

(1) 국내 유학생 중 여학생이 40%를 (　　　　　).
(2) 막내는 항상 엄마와 아빠의 사랑을 (　　　　　).
(3) 도서관에서 자리만 (　　　　　) 말고 열심히 공부를 해야지요.

N(이)야말로

우리 교수님이야말로 훌륭한 학자이시다.

다도야말로 마음을 편안하게 할 수 있는 좋은 방법이다.

여행이야말로 그 나라의 문화를 체험할 수 있는 기회이다.

이번 주제야말로 우리가 앞으로 꾸준히 연구해야 할 과제이다.

서로에 대한 객관적인 비판이야말로 지식인들에게 가장 필요한 것이다.

연습

(1) 가: 배우자를 선택할 때 가장 중요한 게 뭐라고 생각해요?

나: ______________________________.

(2) 가: 인생에 있어서 가장 잊을 수 없는 날은 언제입니까?

나: ______________________________.

(3) 가: 마음을 편안하게 하는 방법이 뭐예요?

나: ______________________________.

(4) 가: 좋은 인간관계를 위해서 가장 필요한 것은 무엇이라고 생각합니까?

나: ______________________________.

(5) 가: 성공을 하기 위해서 가장 필요한 것은 무엇이라고 생각합니까?

나: ______________________________.

A/V-더라도

가: 매번 직접 찾아가서 서류를 내는 건 정말 귀찮은 일이야.
나: 귀찮더라도 서류는 직접 제출하는 게 좋아.

가: 난 이번에 진나한테 화가 많이 났어.
나: 화가 나더라도 조금만 참아.

가: 그동안 너무 고마웠어요. 어디를 가더라도 잊지 못할 거예요.
나: 저도 그래요. 항상 건강하시고 좋은 일이 있으시길 바라요.

연습

(1) 가: 옷도 예쁘고 신발도 예뻐. 둘 다 사면 안 될까?

나: 둘 다 ______________________ 하나만 사야 돼.

(2) 가: 이제 그만 하고 자. 너무 피곤해 보여.

나: ______________________ 숙제는 끝내고 자야지.

(3) 가: 오늘 만난 손님 때문에 너무 속상해요.

나: ______________________ 참고 열심히 일하면 좋은 성과가 있을 거예요.

(4) 가: 엄마, 늦어서 아침 먹을 시간이 없어요.

나: 조금 ______________________ 아침은 먹고 가.

(5) 가: 어제 수업 시간에 너무 졸려서 자 버렸어요.

나: ______________________ 수업 시간에는 자면 안 돼요.

A/V-던데요 // N(이)던데요

가: 어제 콘서트 어땠어요?
나: 정말 재미있던데요.

가: 여기에 있던 서류가 없어졌어요.
나: 어제 어떤 직원이 가져가던데요.

가: 어제 그 친구 정말 노래를 잘 부르더라고요.
나: 알고 보니 전공이 성악이던데요.

연습

(1) 가: 어제 영화 시사회에서 여자 주인공을 실제로 봤어요?

나: 네, 정말 ______________________.

(2) 가: 여기 두고 갔던 케이크가 없어졌어요.

나: 아까 진나 씨가 ______________________.

(3) 가: 어제 집들이는 어땠어요?

나: 재미있었어요. 맛있는 음식들도 아주 ______________________.

(4) 가: 유미 씨는 정말 말을 잘하는 것 같아요.

나: 유미 씨 직업이 ______________________.

(5) 가: 어제 왕명 씨가 피아노 치는 것 봤어요?

나: 네, 정말 ______________________.

V-(으)려고만 들다

성주는 음식을 만들지는 않고 **먹으려고만 든다.**

상대방에게 주지는 않고 **받으려고만 들면** 안 된다.

공부는 하지 않고 **놀려고만 들면** 유학 생활에 실패할 것이다.

다른 사람의 말을 듣지 않고 자기 말을 **하려고만 들면** 안 됩니다.

아이들이 양보하지 않고 서로 좋은 장난감을 **차지하려고만 들어서** 걱정이다.

연습

(1) 가: 요새 왕명 씨가 공부 열심히 해요?

나: 아니요, 요즘 공부는 하지 않고 하루 종일 ______________________.

(2) 가: 컴퓨터 또 바꿨어요? 누가 바꿨어요?

나: 제 동생이요. 동생은 컴퓨터가 고장 나면 매번 새로 ______________________.

(3) 가: 저 사람 어때요?

나: 별로예요. 왜냐하면 ______________________.

(4) 가: 지하철에서 웃어른께 자리를 양보하지 않고 먼저 ______________________ 안 돼요.

나: 네, 알겠습니다.

(5) 가: 동생에게 한번 부탁해 보세요. 잘 도와주잖아요.

나: 아니에요. 제 동생은 도와주지 않고 항상 ______________________.

대화해 봅시다

어떻게 차를 마셔야 할까요?
차를 마시면 어떤 점이 유익할까요?

유 미 교수님, 보통 다도라고 하면 어렵게 생각하는 경우가 많던데요. 어떻게 생각하세요?

교수님 다도는 절대로 어려운 게 아니에요. 자신이 좋아하는 차를 마시며 마음의 여유를 느끼면 되는 거예요.

유 미 그렇군요. 그런데 차를 마시면 어떤 점이 좋을까요?

교수님 우선 차를 천천히 끓이고 마시는 과정에서 '삶의 여유'를 배울 수 있어요. 그리고 차의 맛과 향을 즐기면 머리가 맑아져서 정서적으로 안정이 돼요.

유 미 네, 그럼 차를 마시면서 바쁜 일상생활에서 받은 스트레스를 해소할 수도 있겠군요.

교수님 맞아요. 요즘 현대인들은 스트레스를 술이나 담배로 해소하려고만 들어요. 그것보다 차를 마시면 피로도 회복되고 정신적 스트레스도 풀 수 있어요.

유 미 네, 바쁘게 살아가는 현대인에게 차 한 잔의 여유야말로 마음의 안정을 줄 수 있는 좋은 방법인 것 같네요. 그것 외에 또 어떤 장점이 있나요?

교수님 현대인들은 복잡하고 빠르게 변하는 사회 속에 살고 있기 때문에 정적인 분위기에 쉽게 집중을 하지 못하는 경우가 많아요.

유 미 아, 그런 사람들은 다도를 통해 집중력을 기를 수 있다는 말씀이시군요.

교수님 네, 맞아요. 그뿐만 아니라 차를 마시면 피부도 좋아지고 예뻐져요. 그러니까 바쁘더라도 차 한 잔의 여유를 가져 보세요.

유 미 네, 말씀 고맙습니다. 저도 오늘부터는 커피 대신 차를 열심히 마셔야겠어요.

1. 교수님은 다도를 무엇이라고 하셨습니까?

2. 차를 마시면 좋은 점이 무엇이라고 했습니까?

3. 책에 있는 내용 외에 여러분이 알고 있는 '차'의 좋은 점은 무엇입니까?

들어 봅시다

여러분은 어떤 차를 좋아합니까? 그 차를 좋아하는 이유가 무엇입니까?

I 다음을 듣고 질문에 답하십시오.

1. 무엇에 관한 내용입니까?

① 차를 재배하는 방법

② 차의 효능과 만드는 방법

③ 세계에서 가장 유명한 차

④ 좋은 차를 사는 방법

2. 들은 내용과 같은 것에 ✓ 표시하십시오.

- ☐ 진나는 주로 유자차를 마신다.
- ☐ 왕명은 집에 가서 녹차를 만들 것이다.
- ☐ 감기에 걸렸을 때 유자차를 마시면 좋다.
- ☐ 유자차를 만든 후 냉장고에 넣으면 안 된다.

3. 유자차 만드는 방법에 대한 설명과 같은 사진을 연결하십시오.

㉠

㉡

㉢

㉣

① 유자를 깨끗하게 씻어서 물기를 닦는다.

② 껍질을 길고 가늘게 채를 썬다.

③ 설탕과 함께 병에 담아 둔다.

④ 유자를 자르고 나서 껍질을 벗긴다.

4. 위에서 본 유자차를 만드는 순서를 이야기해 보십시오.

(㉡ , ①) ⇨ (,   ) ⇨ (,   ) ⇨ (,   )

>>> 여러분은 왜 차를 마십니까?
여러분이 알고 있는 차의 효능과 만드는 방법에 대해 이야기해 보십시오.

>>> 차를 마실 때는 어떻게 해야 할까요?

Ⅱ 다음을 듣고 질문에 답하십시오.

1. 대화에서 나오지 않은 내용은 무엇입니까?

☐ 차밭 소개　　☐ 차를 마시는 방법　　☐ 차 축제 행사　　☐ 차의 가격

2. 들은 내용과 다른 것을 고르십시오.

① 유미는 주말에 보성에 다녀왔다.
② 보성은 차밭으로 유명한 곳이다.
③ 서울에서 보성까지 버스를 타고 가면 3시간 정도 걸린다.
④ 보성은 우리나라 차 생산의 40% 정도를 차지하는 곳이다.

3. 보성의 축제에서 경험할 수 있는 것이 아닌 것은 무엇입니까?

① 다구를 직접 만들 수 있다.
② 차 잎을 직접 따 볼 수 있다.
③ 차를 직접 만들어 볼 수 있다.
④ 차 마시는 방법에 대해 배울 수 있다.

>>> 여러분의 나라에 있는 차의 종류와 다도에 대해 이야기해 보십시오.

말해 봅시다

I 부정적인 상황을 가정할 때 어떻게 말합니까? 고민을 듣고 'A/V-더라도'를 사용하여 조언을 해 보십시오. 나의 고민도 이야기해 보십시오.

고민	조언
한국에 온 지 6개월이 되었어요. 이제 한국 사람들의 말을 대부분 이해할 수 있는데 아직도 말할 때 자신이 없어요, 어떻게 하면 제 생각을 자신 있게 말할 수 있을까요?	자신이 없더라도 부끄러워하지 말고 크게 이야기하세요. 한국어로 자꾸 말해 버릇하면 언젠가 자신있게 말할 수 있을 거예요.
저는 유명한 영화감독이 되는 게 꿈이에요. 어렸을 때부터 프랑스 영화를 정말 좋아해서 프랑스에서 영화 공부를 하고 싶었어요. 그래서 유학을 가고 싶은데 부모님의 반대가 너무 심해요. 어떻게 해야 하죠?	
실은 같은 학교에서 좋아하는 여학생이 있어요. 그 여학생은 성격도 좋고 공부도 잘해서 인기가 많아요. 고백을 하고 싶은데 거절당할까 봐 걱정이 돼요. 친구들이 놀리면 어떻게 하죠?	
요즘 잠도 안 자고 컴퓨터 게임을 해서 학교에도 가지 않아요. 게임을 하면 시간 가는 줄을 모르겠어요. 다음 학기에는 꼭 대학교에 합격해야 하는데 걱정이에요.	
저는 …….	

Ⅱ 여러분이 주로 마시는 차나 음료는 무엇입니까? 좋아하는 이유는 무엇입니까? 차를 만드는 방법은 어떻게 됩니까? 여러분이 좋아하는 차나 고향의 차를 소개해 보십시오.

–자주 마시는 차: 녹차

–자주 마시는 이유: 1. 향이 좋다.
2. 다이어트에 효과가 있다.
3. 정신이 맑아진다.

–만드는 방법: 1. 뜨거운 물을 끓인다.
2. 주전자에 녹차를 넣는다.
3. 끓인 물을 넣고 첫 번째로 우린 물은 버린다.
4. 다시 끓인 물을 넣고 녹차가 우러날 때까지 기다린다.
5. 찻잔에 따라 향을 맡고 천천히 마신다.

–자주 마시는 차:

–자주 마시는 이유: 1.
2.
3.

–만드는 방법: 1.
2.
3.

–차의 맛:

–주의할 점:

읽어 봅시다

한국의 전통 음료에는 어떤 것들이 있을까요?

I 다음을 읽고 질문에 답하십시오.

식혜와 수정과야말로 한국의 대표적인 전통 음료입니다.

나라마다 자기 나라를 대표하는 전통 음료가 있다. 한국에서는 식혜와 수정과가 대표적이다. 하지만 두 음료의 맛과 재료는 다르다.

우선 식혜는 밥으로 만든 음료이다. 식혜에는 소화가 잘되도록 하는 요소가 들어 있다. 그래서 식후에 마시면 속이 시원해지고 갈증이 해소된다. 또한 식혜는 요구르트처럼 장을 건강하게 해 준다.

수정과는 곶감을 주재료로 만든 음료이다. 곶감과 생강, 꿀을 넣고 끓여서 만든 음식이다. 달콤한 맛과 생강의 매운맛이 서로 조화를 이루어 인공 음료와는 다른 독특한 맛이 난다. 수정과의 재료는 곶감과 생강즙, 설탕, 잣 등이다. 감은 설사와 배탈에 좋다. 특히 감은 항암 작용뿐 아니라 질병에 대한 저항력을 높이는 데 효과가 있다. 또한 수정과 속에 들어 있는 잣은 빈혈을 예방하는 효과가 있다. 맛도 좋고 건강에도 좋은 식혜와 수정과야말로 한국의 대표적인 전통 음료이다.

요소 / 재료 / 조화를 이루다 / 생강즙 / 항암 / 빈혈

1. 글의 내용과 다른 것은 무엇입니까?

① 밥으로 식혜를 만든다.

② 식혜는 소화에 도움이 된다.

③ 수정과는 곶감만을 넣고 끓였다.

④ 수정과는 달콤한 맛과 매운 맛이 난다.

2. 수정과와 식혜의 재료는 각각 무엇입니까?

①

②

③

④

3. 감의 효능이 아닌 것은 무엇입니까?

① 빈혈을 예방한다.

② 항암 작용이 있다.

③ 질병에 대한 저항력을 높인다.

④ 배탈을 낫게 하는 효능이 있다.

'다도'에서 가장 중요한 것이 무엇입니까? 무엇이 차의 맛을 결정합니까?

Ⅱ 다음을 읽고 질문에 답하십시오.

다도를 즐기는 사람들은 차를 우릴 때 ㉠(   ) 매우 중요하게 생각한다.

먼저 어떤 주전자에 물을 끓이느냐에 따라 차의 맛이나 향에 미묘한 차이가 생길 수 있다. 그래서 지금도 차를 즐기는 사람들 중에는 옛날 방법으로 물을 끓여 차를 마시는 사람들도 있다. 그러나 이 방법은 일이 많고 귀찮아서 보통은 간편한 방법으로 물을 끓인다. 그래서 요즘은 물을 빨리 끓일 수 있는 전기 주전자나 끓고 난 후에도 열이 보존되는 보온병을 많이 사용한다. 그런데 전기 주전자를 이용하면 너무 빨리 끓어서 물의 맛이 떨어진다. 그렇기 때문에 끓고 난 후에 조금 식을 때까지 기다렸다가 다시 한번 끓이는 것이 좋다.

차를 우릴 때 물의 온도도 아주 중요하다. 낮은 온도의 물은 천천히 따라도 되지만 뜨거운 물을 부었을 때에는 5초 이내에 바로 따라 마셔야 한다. 왜냐하면 뜨거운 물에서 향이 빨리 날아가 버리고 맛이 써지기 때문이다. 그러므로 차를 끓일 때는 80도 정도로 식힌 물을 넣고 향을 즐기는 것이 좋다.

미묘하다 / 귀찮다 / 맛이 떨어지다 / 우리다 / 식히다 / 붓다

1. ㉠에 알맞은 말은 무엇입니까?

① 물을 붓는 순서를

② 옛날 방법으로 물을 끓이는 것을

③ 물을 끓이는 방법이나 물의 온도를

④ 물의 온도보다는 물을 끓이는 방법을

2. 이 글의 내용과 다른 것은 무엇입니까?

① 차의 맛과 향은 물의 온도와 상관이 있다.

② 요즘은 옛날 방법으로 물을 끓여 차를 마시는 사람은 없다.

③ 어떤 주전자로 물을 끓이느냐에 따라 차의 향과 맛이 달라진다.

④ 뜨거운 물로 차를 우릴 때는 바로 따라 마셔야 차의 향을 느낄 수 있다.

3. 글의 내용과 같은 것에 ✓ 표시하십시오.

☐ 옛날 방법은 번거롭기 때문에 요즘은 간편하게 물을 끓인다.

☐ 차를 끓여 낼 때는 80도보다 100도 정도로 끓이는 것이 가장 좋다.

☐ 뜨거운 물을 부었을 때에는 천천히 따라 마셔야 차의 맛이 쓰지 않고 좋다.

☐ 전기 주전자를 이용할 때는 한 번 끓고 난 후에 식기를 기다려 다시 한번 끓이는 것이 좋다.

써 봅시다

I 여러분이 주로 마시는 차나 음료는 어떤 것입니까? 왜 좋아합니까? 얼마나 자주 마십니까? 주의할 점이 있습니까?

차 이름	
마시는 횟수	
마실 때 주의할 점	
좋아하는 이유	

Ⅱ 여러분이 좋아하는 차나 음료를 소개하는 글을 쓰십시오.

- 여러분이 좋아하는 차나 음료는 무엇입니까?
- 그 차나 음료를 좋아하는 이유는 무엇입니까?
- 그 차나 음료를 마시면 좋은 이유와 마실 때 주의할 점은 무엇입니까?

10과

윷놀이가 이렇게 재미있다니

– 한국의 명절에는 무슨 놀이를 할까요? –

배워 봅시다

소원	연휴	음력 / 양력	풍습	마무리	덕담
재래시장	재채기	벌어지다	증정하다	꾸미다	(명절을) 쇠다
울리다	동행하다	불리하다	풍성하다	챙기다	

연습

1. 다음 (　　　　　　)에 알맞은 단어를 찾으십시오.

마무리　　불리하다　　소원　　벌어지다

(1) 달맞이는 달을 보며 (　　　　　　)을 비는 것이다.

(2) 이번 경기는 준비가 안 돼서 (　　　　　　) 것 같다.

(3) 설날에 경복궁에서는 여러 가지 재미있는 행사가 (　　　　　　).

(4) 연말에는 한 해를 잘 (　　　　　　)를 해서 다음 해를 새롭게 준비한다.

2. 다음 (　　　　　　)에 알맞은 단어를 골라 대화를 완성하십시오.

풍습　　재래시장　　쇠다　　풍성하다

(1) 가: 여보, 장 보러 갈 수 있어요? 다음 주가 설이잖아요.

나: 그래요. 어디로 갈까요? 백화점은 비싸니까 (　　　　　　)으로 가요.

가: 그게 좋겠어요. 값도 싸고 양도 (　　　　　　) 주니까요.

(2) 가: 수미 씨, 설을 (　　　　　　) 준비는 다 했어요?

나: 특별히 준비할 게 있나요? 떡국 먹고 어른들께 세배하면 되는 거 아니에요?

가: 수미 씨는 회사에 취직했잖아요. 세뱃돈도 준비해야겠어요.

(3) 가: 달맞이가 뭐예요?

나: 추석에 달을 보며 소원을 비는 (　　　　　　)이 있어요. 그러면 소원이 이루어져요.

가: 말도 안 돼요. 달이 어떻게 소원을 들어줄 수 있어요?

3. 다음 그림과 관련된 놀이를 찾아 연결하십시오.

 • • 연날리기

 • • 제기차기

 • • 강강술래

 • • 그네뛰기

 • • 윷놀이

 • • 널뛰기

 • • 줄다리기

N(으)로서

그것은 교사로서 할 일이 아니다.

학생으로서 공부를 게을리해서는 안 된다.

그는 그룹의 회장으로서 직원들을 가족처럼 챙긴다.

국민의 한 사람으로서 반드시 선거에 참여해야 한다.

나는 성주의 오래된 친구로서 그의 성격을 가장 잘 알고 있다.

연습

(1) 가: 네가 길에 쓰러져 있는 사람을 병원까지 데려다주었지?

나: 응. ______________________ 당연히 해야 할 일이잖아.

(2) 가: 네 덕분에 이번 학기 등록금을 무사히 냈어. 정말 고마워.

나: 무슨 소리야. ______________________ 당연히 내줘야지.

(3) 가: 그동안 ______________________ 잘해 주지 못해서 미안해요.

나: 정말이에요? 그럼 오늘부터 당신이 매일 청소와 설거지를 해 주세요.

(4) 가: 영미 씨, 우리 가족이 1박 2일 여행을 가는데요. 그동안 우리 집 개한테 밥 좀 주실 수 있어요?

나: 그럼요. ______________________ 서로 돕고 살아야지요.

(5) 가: 항상 동생을 잘 챙기네요.

나: 네, ______________________ 동생을 지켜 주고 도와주는 게 당연하지요.

A/V-듯(이)

가: 형제끼리 성격이 이렇게 다를 수 있어요?
나: 그럼요. 얼굴이 다르듯 성격도 다 달라요.

가: 너는 밥 먹듯이 거짓말을 하는구나.
나: 죄송해요. 다음부터는 거짓말을 하지 않을게요.

가: 어떻게 하면 그 사람이 제 말을 이해할까요?
나: 지금 내가 말하듯이 천천히 말하세요.

연습

(1) 가: 어제 용돈을 받았는데 다 써 버렸어요.

나: 뭐라고? 돈을 ____________ 써 버렸다고? (물 쓰다)

(2) 가: 오래 기다렸니? 운동하고 오느라 늦었어.

나: 땀이 ____________ 흐르는구나. (비 오다)

(3) 가: 모든 사람에게 인기 있는 사람이 되려면 어떻게 해야 할까?

나: 별로 어렵지 않아. 사랑하는 ____________ 모든 사람에게 친절하게 대하면 되지.

(4) 가: 어떻게 하면 시험을 잘 볼 수 있을까요?

나: 중요한 시험을 ____________, 모든 수업 시간에 집중하면 되지 않을까요?

(5) 가: 저는 한국어를 6개월이나 공부했는데 말이 잘 안 나와요.

나: 저도요. 한국 사람이 ____________ 자연스럽게 말하고 싶은데, 아직 멀었어요.

A/V-다니 // N(이)라니

가: 어머나, 정말 오랜만이다.
나: 세상에, 몰라보겠어. 우리 반에서 제일 작던 네가 이렇게 키가 크다니!

가: 맛이 어때? 내가 만든 케이크야.
나: 정말? 대단하다. 이렇게 맛있는 케이크를 직접 만들다니!

가: 엄마, 저 이번 시험에서 일등을 했어요.
나: 정말 잘했구나. 일등이라니!

연습

(1) 가: 그동안 모은 돈으로 드디어 내 차를 마련했어.

나: 대단하다. 이게 네 ______________________!

(2) 가: 들었니? 우리 반 담임 선생님이 박 선생님이래.

나: 실망이다. 김 선생님이 ______________________!

(3) 가: 어쩌지? 한 달 용돈으로 옷을 사 버려서 돈이 한 푼도 없어.

나: 너 엄마한테 혼나겠다. 그 많은 돈을 벌써 다 ______________________!

(4) 가: 아무도 안 가지고 가는 우산을 버렸어.

나: 뭐라고? 고장 나지도 않은 우산을 ______________________!

(5) 가: 이 사람이 내 여자 친구인 수미 씨야.

나: ______________________!

V-(으)ㄹ락 말락 하다

가: 유미야, 자니? 안 자면 나랑 놀자.
나: 잠이 들락 말락 했는데 너 때문에 깼어.

가: 네 자리에서는 무대가 잘 보이니?
나: 아니, 여기에서도 보일락 말락 해.

가: 어휴, 아직도 책을 못 꺼냈니?
나: 손이 닿을락 말락 하니까 의자 좀 줘.

연습

(1) 가: 지금 밖에 비가 오고 있나요?

나: 지금 ______________. 집에 빨리 가야 할 것 같아요.

(2) 가: 잘 들려요?

나: 아니요, 거리가 멀어서 ______________.

(3) 가: 수미 씨, 얼굴이 왜 그래요? 어디 아파요?

나: 아니요, 감기에 걸리려나 봐요. 재채기가 ______________.

(4) 가: 이렇게 위험한 곳에 아이를 데리고 오면 어떻게 해요?

나: 제가 집에서 나오니까 아이가 ______________ 놓고 올 수가 없었어요.

(5) 가: 우리 선수가 1등을 따라잡았어요?

나: 아니요, 거의 1등을 ______________ 하고 있어요. 곧 1등을 할 것 같아요.

대화해 봅시다

여러분 나라에도 정월 대보름과 같은 명절이 있습니까?

진나 왕명 이거 먹을래? 부럼이라는 거야.

왕명 부럼? 그게 뭐야? 이건 땅콩이랑 호두잖아.

진나 한국 사람들은 정월 대보름에는 땅콩이나 호두, 밤 같은 부럼을 먹으며 건강을 기원한대.

왕명 그래? 부럼은 껍질이 딱딱한 열매를 가리키는 말인가 보네. 잘 먹을게.

진나 혹시 더위팔기는 해 봤어?

왕명 글쎄, 돈을 주고 물건을 사고팔듯이 더위를 파는 거야?

진나 그게 아니라 친구의 이름을 불러서 친구가 대답을 하면 "내 더위 사가라!"라고 하는 거야. 만약 대답을 하면 친구는 그 사람의 더위를 산 거야.

왕명 진나야! 내 친구로서 부탁 하나만 들어 줄래?

진나 무슨 부탁?

왕명 음, 내 더위 사가라!

진나 뭐라고? 잘 안 들려. 네 목소리가 들릴락 말락 해. 좀 크게 말해 봐.

왕명 내 더위 사가라!

진나 야, 너 정말 너무하다. 작년 여름에도 내가 너무 더워서 죽을뻔 했는데 나한테 더위를 팔다니!

1. 두 사람은 무엇에 대해 이야기하고 있습니까?

2. 정월 대보름에 부럼을 먹는 이유는 무엇입니까?

3. '더위팔기'는 어떻게 하는 것입니까?

들어 봅시다

명절날 뉴스에서는 어떤 내용을 보도할까요?

I 다음을 듣고 질문에 답하십시오.

1. 같으면 ○, 다르면 × 하십시오.

(1) 서양에서는 12월 31일 밤에 새해 파티를 연다. ( )

(2) 중국의 설을 춘절이라고 하며 3일 동안 쉰다. ( )

(3) 한국과 중국, 일본은 모두 음력 1월 1일이 명절이다. ( )

(4) 한국과 중국, 일본은 설에 조상이나 신에게 기원한다. ( )

2. 뉴스에서 보도하지 <u>않은</u> 내용은 무엇입니까?

① 설 음식 ② 설 풍습 ③ 설 연휴 기간 ④ 설 날짜

3. 뉴스를 들은 후의 반응으로 적절하지 <u>않은</u> 것을 고르십시오.

① 각 나라의 설날의 의미가 완전히 다르구나!

② 서양에서는 설날이 새로운 해로 바뀐다는 의미이구나!

③ 연휴가 일주일이라니! 중국의 춘절은 정말 큰 명절이구나!

④ 동양과 서양 모두 설날에는 가족이나 친구들이 모여 함께하는구나!

>>> 한국에서는 설날에 "새해 복 많이 받으세요."라고 인사합니다.
여러분의 나라에서는 새해 인사를 어떻게 하는지, 그 의미가 무엇인지 이야기해 보십시오.

추석과 추수 감사절이 언제인지 알아요?

Ⅱ 다음을 듣고 질문에 답하십시오.

1. 마이클 씨와 유미는 무엇에 대해 이야기하고 있습니까?

   ① 추석에 먹는 음식

   ② 추수 감사절의 의미

   ③ 추석의 의미와 풍습

   ④ 추수 감사절에 먹는 음식

2. 추수 감사절과 추석은 각각 언제입니까?

   (　　　　　　　　　　　　　　　　　　　　　　　　)

3. '더도 말고 덜도 말고 한가위만 같아라.'라는 말은 어떤 의미입니까? 그 의미에 대해 생각해 보고 이야기를 만들어 보십시오.

엄마: 시험 점수가 이게 뭐니? 네 형은 항상 1등만 했었어. 그리고 또 방은 왜 이렇게 지저분하니? 네 형은 청소도 얼마나 잘하는데, 너는 정말 왜 이러니? 더도 말고 덜도 말고 네 형만 같으면 안 되겠니?

"저는 더도 말고 덜도 말고 ______________ 만 같으면 좋겠어요. 왜냐하면……"

4. 들은 내용과 같은 것을 고르십시오.

① 추수 감사절과 추석은 비슷하지 않다.
② 추석에는 사람들이 대부분 고향으로 이동하기 때문에 차가 막힌다.
③ 추수 감사절은 한 해 동안 농사지은 곡식과 과일로 제사를 지내는 날이다.
④ '더도 말고 덜도 말고 한가위만 같아라.'라는 말은 추수 감사절에 하는 인사말이다.

>>> 여러분 나라에도 추석과 같은 명절이 있습니까?
다른 점과 같은 점에 대해 생각해 보십시오.

말해 봅시다

I 여러분은 믿을 수 없거나 놀랄 만한 일을 들었을 때 어떻게 말합니까? 'A/V-다니', 'N(이)라니' 를 사용해서 대화를 만들어 보십시오.

보기
가: ○○ 씨, 소식 들었어요?
나: 무슨 소식요?
가: 한국 선수가 올림픽에서 금메달을 땄대요!
나: 올림픽에서 금메달을 따다니 정말 기쁘네요.

보기
가: ○○ 씨, 어제 우리 집에 도둑이 들어왔었어요.
나: 잃어버린 물건은요?
가: 엄마가 주신 반지를 잃어버렸어요.
나: 저런, 반지를 잃어버리다니……. 속상하겠어요.

금메달을 땄다	도둑이 들어왔다	장학금을 받았다
부상당했다	결혼을 했다	시험이 없다
고향에 돌아갔다	자동차를 샀다	헤어졌다
오늘 기온이 35도이다	유학을 갔다	휴대폰을 또 샀다
결석을 했다	1등을 했다	그 사람이 범인이다
매일 한국말을 5시간이나 하다	전화 한 통도 없다	하루에 게임을 12시간이나 하다

2. 다음은 윷놀이 방법에 대한 설명입니다. 잘 읽고 편을 나눠 윷놀이를 해 보십시오.

말과 말판

말: 바둑알, 단추 등 주변에서 쉽게 구할 수 있는 것을 선택하여 각자 4개씩 갖는다. 상대편과 구별할 수 있도록 모양이나 색깔들을 다르게 한다.

말판:

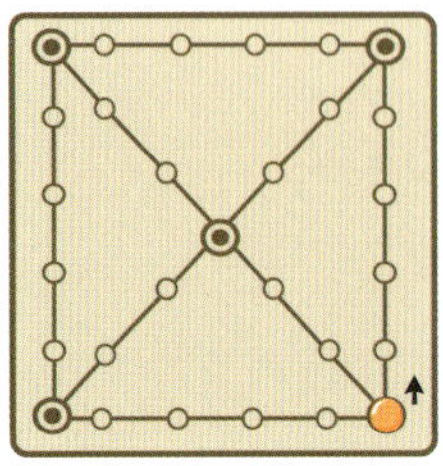

윷과 말

말	윷
도(돼지)	한 칸 진행 – 세 짝이 엎어짐
개(개)	두 칸 진행 – 두 짝이 엎어짐
걸(염소)	세 칸 진행 – 한 짝이 엎어짐
윷(소)	네 칸 진행 – 모두가 뒤집힘
모(말)	다섯 칸 진행 – 모두가 엎어짐

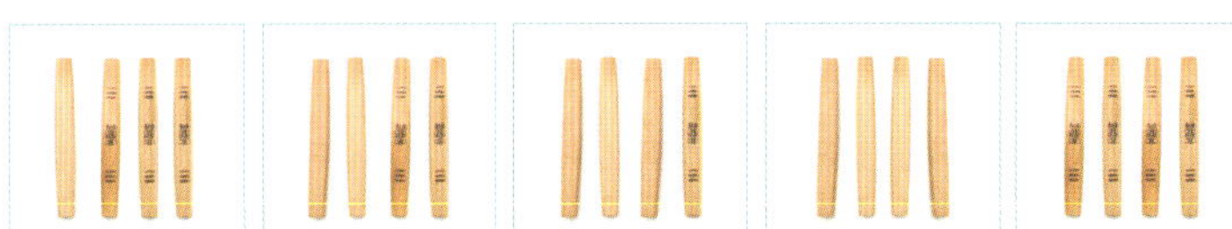

도 개 걸 윷 모

놀이 방법

1. 윷 네 개를 같이 잡고 던진다.
2. 윷을 던진 결과대로 말을 이동시켜 한 바퀴 다 돌고 나간다.
3. 말 네 개가 먼저 나가는 편이 이긴다.
4. 앞서가는 상대방의 말을 잡을 수 있다.
5. 상대편의 말을 잡거나 '윷'이나 '모'가 나오면 윷을 한 번 더 던진다.
6. 말은 두 개 이상이 함께 갈 수 있다.

읽어 봅시다

>>> 여러분 나라에서는 12월 31일에 무슨 일을 합니까?

I 다음 기사를 읽고 질문에 답하십시오.

한국에서는 음력 12월 30일을 '섣달그믐'이라고 부릅니다. 이날은 한 해를 보내고 새해를 맞이하느라 아주 바쁜 날입니다. 온 집 안을 깨끗이 대청소하면서 새해에는 나쁜 일이 일어나지 않고 복이 많이 들어오기를 기원합니다.

이날 저녁에는 식사를 한 후 집안 어른들과 동네 어른들을 찾아다니며 지난 1년간 감사했다는 마음으로 ㉠'묵은세배'를 합니다. 세배를 할 때, "일 년을 잘 지냈습니다." 또는 "새해맞이 잘 하십시오."라고 말합니다.

밤에는 집 안 구석구석에 불을 환하게 켜 놓고 밤을 새웠습니다. '해 지킴이'라고 해서 새해에 떠오르는 첫해를 맞이하기 위한 풍습이었습니다. 밤에 잠을 자면 게으른 소가 되거나 눈썹이 하얗게 된다고 하면서 아이들이 잠을 자지 못하게 하였습니다. 잠을 자는 아이들이 있으면 눈썹에 하얀 밀가루를 칠해 눈썹이 ㉡세었다고 장난을 치기도 하였습니다. 이외에도 섣달그믐날에는 동네 사람들이 모여서 제기도 차고 함께 폭죽놀이도 하였습니다.

섣달그믐 / 묵다 / 환하다 / 눈썹이 세다 / 칠하다 / 장난을 치다 / 폭죽놀이

1. 이 글의 중심 내용은 무엇입니까?

① 섣달그믐의 의미　　② 섣달그믐의 역사
③ 섣달그믐의 풍습 소개　　④ 섣달그믐의 민속놀이 소개

2. ㉠'묵은세배'에서 '묵은'은 어떤 의미입니까?

① 밤　　② 이별
③ 오래되다　　④ 움직일 수 없다

3. '㉡세었다'가 뜻하는 것은 무엇입니까? 윗글에서 찾아 쓰십시오.

(　　　　　　　　　　　　　　　　　　　　)

4. 섣달그믐날 하는 일이 아닌 것은 무엇입니까?

① 밤새우기　　② 대청소하기
③ 달구경하기　　④ 어른들께 인사하기

Ⅱ 다음 기사를 읽고 질문에 답하십시오.

설 연휴 동안 한복을 입고 고궁이나 민속촌, 그리고 놀이공원으로 나들이를 떠나면 어떨까. 이곳에는 민속놀이와 함께 우리 전통문화를 새롭게 꾸민 다양한 행사가 있다. 자, 지금부터 가까운 곳에서 즐길 수 있는 풍성한 설 축제로 떠나 보자.

■ 고궁에서 맞는 설 잔치

경복궁과 창경궁을 비롯한 서울의 고궁에서는 6일부터 8일까지 우리의 기억에서 점차 멀어져 가는 다양한 명절놀이를 한다. 경복궁에서는 제기차기, 널뛰기, 윷놀이가, 창경궁에서는 그네뛰기, 줄다리기가 열리며, 동행한 할머니와 할아버지께 세배를 올리는 관람객에게 기념품을 증정한다.

■ 에버랜드의 희망 한마당

경기도 용인 에버랜드는 오는 6일부터 10일까지 한국 전통문화를 현대적으로 재창조한다는 목적으로 부채춤, 사물놀이, 강강술래 등 전통문화를 뮤지컬로 바꾼 '희망 한마당'을 개최한다.

■ 롯데 월드의 민속 캐릭터 거리 공연

서울 잠실 롯데 월드는 6일부터 10일까지 넉넉하고 흥겨운 '설날 축하 큰잔치'를 마련한다. 영화 '왕의 남자'로 스타가 된 줄타기 명인의 민속 줄타기 행사와 관람객이 직접 참여하는 제기차기, 딱지치기, 팽이치기 등 다양한 관람객 참여 행사가 마련되었다.

기억에서 멀어져 가다 / 재창조하다 / 줄타기 / 명인

1. 이 글은 무엇에 대한 글입니까?

① 명절에 즐길 수 있는 행사 소개
② 명절에 파는 전통 상품 소개
③ 명절에 할 수 있는 봉사 활동 소개
④ 명절에 시외로 나가 볼 수 있는 공연 소개

2. 다음은 무엇입니까? 윗글에서 찾아 쓰십시오.

(1)

(   )

(2)

(   )

(3)

(   )

(4)

(   )

3. 이 글의 내용으로 알 수 있는 것을 고르십시오.

① 롯데 월드에서는 줄타기 공연을 한다.

② 에버랜드에 가면 연날리기를 할 수 있다.

③ 세 곳 모두 직접 참여해서 놀이를 즐길 수 있다.

④ 고궁에 한복을 입고 가면 거의 공짜로 즐길 수 있다.

4. 토니와 줄리아, 그리고 진나 씨는 각각 어디로 가면 좋겠습니까?

진　나: 뮤지컬을 좋아해요. (   )

토　니: '줄타기'를 본 적이 없어요. (   )

줄리아: 명절 때 서울에서 전통 놀이를 즐기고 싶어요. (   )

써 봅시다

Ⅰ '말해 봅시다'에서 윷놀이 방법에 대해 설명한 것처럼, 여러분이 소개하고 싶은 명절놀이에 대해 간단하게 쓰십시오.

명절놀이 이름	
준비물	
놀이 방법	

Ⅱ 여러분이 소개한 명절놀이를 더 재미있게 즐기기 위해서 어떻게 바꿀 수 있습니까? 명절놀이 행사를 소개하는 기사문을 쓰십시오.

기사문 제목:

들어봅시다
지　　　문

1 수강 신청은 여간 힘든 게 아니에요

Ⅰ 신입생 여러분, 반가워요. 여러분은 신입생이라서 수강 신청 방법을 잘 모르지요? 지금부터 수강 신청에 대해 안내해 드릴게요. 여간 복잡한 게 아니니까 잘 들으세요. 먼저 2월 10일부터 2월 20일까지가 수강 신청 기간이에요. 먼저 중앙대학교 홈페이지에 접속합니다. 그런 다음 홈페이지 윗부분의 종합정보시스템을 클릭하세요. 학번과 비밀번호를 입력하여 로그인하는 건 알겠죠? 로그인한 후에 화면 왼쪽의 강의 시간표를 클릭하세요. 먼저 요일과 시간을 확인하고 나서 강의 시간표에 나와 있는 과목의 이름을 선택하면 수강 신청을 할 수 있어요. 과목을 선택하기 전에 강의 계획서를 먼저 읽어 보세요. 강의 계획서는 강의 시간표 아래에서 확인할 수 있어요. 강의 계획서에서 과목명, 강의 시간, 강의 내용, 수업 방식 등을 살펴 보세요. 만약 수강 신청 변경을 할 경우에는 3월 3일부터 3월 7일 안에 꼭 하셔야 합니다. 신청 기간을 잊어버리지 말고 날짜를 잘 기억해 두세요.

Ⅱ 여: 성주야, 너 수강 신청 했니?

남: 응. 그런데 문제가 생겼어. 수강 신청을 늦게 한 탓에 전공과목을 신청 못 했어.

여: 그렇구나. 수강 신청 기간 중이라도 수강 인원 제한 때문에 신청을 못 하는 경우가 있어. 그래서 빨리 신청해야 해.

남: 그걸 몰랐어. 수강 신청은 역시 여간 힘든 일이 아니구나.

여: 나도 지난 학기에 내 컴퓨터에 문제가 있어서 제대로 신청 못했어. 이미 늦었으니까 이번 학기에는 전공과목 대신 교양 과목을 많이 들어봐.

남: 난 이번에 이 과목을 꼭 들어야 돼. 왜냐하면 이번 학기에 이걸 수강하지 않으면 졸업을 할 수가 없거든. 그래서 교수님께 메일을 보냈어. 그런데 답장이 오지를 않아. 정말 고민이야.

여: 우리끼리 이러지 말고 학과 사무실에 가서 조교 선생님께 상황을 잘 설명해 보자.

남: 그래, 일이 잘 됐으면 좋겠는데.

2 실례를 무릅쓰고 전화 드립니다

Ⅰ 학생(여): 선생님, 안녕하세요?

교사(남): 아, 진나 씨, 안녕하세요? (당황한 듯이)

학생(여): 선생님, 왜 그러세요? 제가 무슨 실수라도…….

교사(남): 아니요…… 그게 아니라, 사실은 1교시 내내 진나 씨랑 함께 수업했는데 처음 본 것처럼 인사를 또 해서요…… 음…… 금방 만났던 사람이나 계속 같이 있는 사람에게는 첫 번째에만 '안녕하세요?'라고 인사를 하는 게 더 자연스럽거든요.

학생(여): 어머, 정말요? 저는 만날 때마다 무조건 '안녕하세요?'라고 인사하면 되는 줄 알았어요.

교사(남): 보통 하루 중에 처음 만났을 때만 '안녕하세요?'라고 하고요, 그 다음에는 고개만 숙이거나 '또 만났네요', '자주 마주치네요'라고 하면 돼요. 아니면 그냥 웃기만 해도 괜찮아요.

학생(여): 아, 그렇군요. 선생님, 전에 목례라는 것을 들어본 적이 있는데, 고개만 숙이는 걸 목례라고 하지요? 어느 경우에 사용하는지는 모르고 그냥 단어만 알고 있었어요.

교사(남): 맞아요. 간단히 목례만 하는 것이 더 적절한 상황이 있어요. 지금 같은 경우랑 화장실에서 선생님을 만났을 때도 목례만 하는 게 더 적절하다고 할 수 있어요.

학생(여): 선생님, 정말 감사해요. 다시는 실수하지 않도록 주의해야겠어요.

무조건 / 내내 / 목례

Ⅱ 학생(여): 어휴, 정말 짜증난다. 뭐 이런 경우가 다 있니?

학생(남): 왜 그래? 무슨 일인데?

학생(여): 글쎄, 도서관에 내 옆자리에 앉은 애들이 커플 같은데 말이야. 글쎄 계속 큰 소리로 웃고 이야기하는 거야.

학생(남): 세상에! 도서관이 데이트 장소도 아니고 그건 정말 너무하네. 다른 사람 생각도 좀 해야지. 학교에서 데이트를 할 때는 다른 장소에서보다 조심해야 하지 않겠어?

학생(여): 그건 그렇지. 솔직히 수업 시간에도 그러는 애들이 있잖아. 그건 정말 남에게 피해를 주는 일인 거 같아.

학생(남): 맞아. 서로 다정하게 지내는 것도 좋지만 남에게 실례가 되는 일은 하지 말아야지. 그런데 그런 것만 피해를 주는 건 아니야. 난 지나치게 화려한 옷차림 때문에 당황스럽거나 진한 향수 냄새 때문에 머리가 아픈 경우도 많아.

학생(여): 에이, 그래도 그건 개인의 자유인데, 뭐 그런 걸 가지고 그러니?

학생(남): 그런가? 어디까지가 예의이고 어디부터가 실례인지는 좀 어려운 문제지. 어쨌든 교내 예절을 잘 지키는 건 중요한 일인 것 같아.

3 열심히 하기는 하는데 너무 어려워요

I

진행자: 오늘은 직장인 김지윤 씨와 전화 연결해 보겠습니다. 김지윤 씨?

김지윤: 안녕하세요?

진행자: 네, 안녕하세요?

김지윤: 저는 이 방송을 즐겨 듣는데요, 오늘은 고민을 상담하고 싶어서 전화했어요.

진행자: 어떤 고민인데요?

김지윤: 처음 직장에 다닐 때에는 그렇지 않았는데 요즘은 제가 시간을 잘 사용하지 못하고 있다는 생각이 들어서요. 특히 퇴근해서 집에 오면 아무것도 하지 않을 때가 많아서 시간이 아까워요. 시간을 잘 활용할 수 있는 좋은 방법이 없을까요?

진행자: 요즈음은 직장에 다니면서 학원에 나가서 외국어를 배우거나 저녁 시간을 이용해서 자격증을 취득하는 사람들도 많이 있어요. 김지윤 씨도 회사 업무를 마친 후에 관심 있는 분야에 대해 공부하거나 자격증을 취득해 보는 건 어떠세요? 그러면 퇴근 이후의 시간을 잘 관리할 수 있고 취미뿐만 아니라 두 가지 직업을 가질 수 있는 기회도 되잖아요.

김지윤: 정말 괜찮은 방법인 것 같아요.

진행자: 사이버대학교에 등록하는 것도 좋은 방법이에요. 대학교 전공 외에 새로 관심 갖게 된 분야가 있으면 등록해 보세요. 사이버대학에 등록하면 학교에 출석하지 않고도 좋은 수업을 들을 수 있고 과정을 다 끝내면 졸업장까지 받을 수 있어요.

아깝다 / 활용하다

II

남: 안녕하십니까? 중앙 교육의 김성주입니다. 오늘은 교육 전문가를 모시고 교육에 대해 이야기를 나누어 보겠습니다. 안녕하세요? 이유미 박사님! 우리가 살고 있는 지금은 여러 형태의 교육이 있지요?

여: 네, 그렇습니다. '교육'하면 일단 초등학교에서 중학교, 고등학교, 대학교까지의 학교 교육을 생각하게 되지만 그 밖에도 다양한 형태의 교육이 있습니다.

남: 그밖에 어떤 형태의 교육들이 있습니까?

여: 그밖에 가정 교육, 영재 교육, 조기 교육, 평생 교육 등이 있습니다. 가정 교육은 집안 어른들이 자녀들에게 가르치는 것을 말합니다. 즉 부모가 자녀들이 훌륭하게 성장하도록 가정에서 아이들의 인격 형성과 지식 형성을 도와주는 교육입니다.

남: 그럼 영재 교육은 어떤 교육입니까?

여: 영재 교육은 특별한 재능이 있는 학생들을 대상으로 그 재능을 일찍 키우기 위해 실시하는 교육입니다. 주로 과학이나 예술 분야에서 많이 이루어지고 있습니다. 그리고 조기 교육은 학교 교육을 받는 나이가 되기 전에 아이의 잠재 능력을 키우기 위한 교육입니다. 주로 외국어 교육이나 음악 교육에서 많이 실시하고 있습니다.

3 열심히 하기는 하는데 너무 어려워요

남: 그렇군요. 요즘 사회가 점차 복잡해지면서 평생 교육을 더 중요하게 생각하고 있는데요, 평생 교육은 어떤 교육입니까?

여: 평생 교육은 복잡해지는 사회에 적응하기 위해 필요한 교육입니다. 평생 교육의 대상은 현재 회사에 다니고 있는 직장인뿐만 아니라 가정주부나 노인까지도 포함됩니다. 이처럼 '교육'은 다양하게 장소의 구분 없이 평생에 걸쳐 이루어지고 있습니다.

남: 그렇군요. 정말 다양한 형태의 교육이 있군요. 그럼 잠시 후에 더 자세한 말씀 들어보겠습니다.

4 그 사람이 아프다니요?

Ⅰ 안녕하십니까? 365일 건강교실입니다. 오늘은 어린이나 성인에게 자주 나타나는 피부 질환 아토피에 대해 말씀드리겠습니다. 아토피는 피부에 나타나는 만성 알레르기 질환입니다. 이 질환은 너무 가려워서 계속 긁다가 피가 날 만큼 가려운 것이 특징입니다.

그럼, 이런 질병은 왜 걸릴까요? 가족 중에 알레르기 증세가 있는 분이 계시면 이 질병에 걸리기 쉽습니다. 그리고 식품이나 집 먼지 때문에 걸립니다. 실내 온도와 습도의 변화나 스트레스 등도 이 질병의 발생 원인이 됩니다. 가려운 이 질병은 세 가지 치료법이 있습니다. 첫째는 피부를 항상 청결하게 유지해야 합니다. 둘째는 목욕 후에는 로션을 발라서 피부를 건조하지 않게 하는 것이 중요합니다. 마지막으로 약물 치료가 있습니다. 가까운 병원에서 의사와 상담해 보세요.

언제나 질병은 치료보다는 예방이 더 중요합니다. 예방 방법을 말씀드리면 다음과 같습니다. 집안을 자주 청소하시고 피부를 청결하게 하시는 것이 좋습니다. 그리고 집의 온도와 습도를 적절하게 유지해 주세요. 가능하면 집안에서 애완동물을 기르지 마십시오. 무엇보다도 스트레스를 받지 말고 즐겁게 사시는 것이 제일 중요합니다.

질환 / 아토피 / 습도 / 알레르기 / 로션을 바르다

Ⅱ 사회자(남): 오늘은 100세를 맞으신 이옥주 할머니를 모시고 장수 비결에 대해 대화를 나누겠습니다. 할머니, 어서 오세요.

할머니(여): 고맙습니다.

사회자(남): 할머니, 올해 연세가 어떻게 되세요?

할머니(여): 지난달에 100살 생일잔치를 했어요.

사회자(남): 그런데 그 연세에도 아주 건강해 보이세요. 건강 비결이 있다면 뭐가 있을까요?

할머니(여): 뭐 특별한 건 없어요. 잘 먹고 잘 자면 되지.

사회자(남): 특별히 잘 드시는 음식이 있으신가요?

할머니(여): 잡곡밥, 나물, 고기를 잘 먹어요. 그런데 많이 먹지는 않아요.

사회자(남): 할머니는 요즘도 일을 하신다고 들었어요.

할머니(여): 나이가 들었다고 가만히 있으면 안 돼요. 조금씩 계속 움직여야 운동도 되고 좋아요.

사회자(남): 지금 사시는 곳은 어디세요?

할머니(여): 아들 내외가 서울 아파트에 와서 살라고 했어요. 그런데 아파트는 답답해서 못 살겠어요. 그래서 지금 산도 있고 강도 있는 시골에서 삽니다.

사회자(남): 이웃 사람들이 할머니 성격이 느긋하고 낙천적인 편이라고 그러셨어요. 그러세요?

할머니(여): 내가 좀 잘 웃어. 그리고 괴로운 일은 오래 생각하지 않는 편이야.

4 그 사람이 아프다니요?

사회자(남): 할머니, 하루 동안 어떻게 생활하세요?

할머니(여): 5시 일어나서 청소하고 밥하고 밭에 가서 배추도 심어. 그리고 점심때가 되면 밥도 먹고 그리고 나서 낮잠을 잠깐 자요. 빨래도 하고, 소하고 개한테 밥도 줘요. 저녁때는 옆집 친구 집에 놀러 가서 같이 저녁도 먹고. 뭐, 이렇게 살아요.

낙천적이다

5 지금 가 봤자 직원을 못 만날 거예요

Ⅰ

(남자 유학생)

저는 중국에서 한국으로 유학을 온 왕명이라고 합니다. 지금 성남시에 거주하고 있습니다. 그런데 얼마 전 제 외국인 등록증이 없어졌습니다. 저는 먼저 경찰서에 가서 분실 신고를 하고 접수증을 받아왔습니다. 그것을 가지고 출입국 관리 사무소에 가서 외국인 등록증을 재발급 받아야 합니다. 그런데 서울 사무소의 위치를 잘 몰라서 문의 전화를 했습니다. 자동 응답기에서 다음과 같은 안내가 나왔습니다.

(여 안내원)

안녕하십니까? 외국인 종합 안내 센터를 찾아 주셔서 감사합니다. 한국어 안내는 1과 별표를 눌러 주십시오.

출입국 관리 사무소 위치, 관할 구역 및 근무 시간 안내는 1번, 사증 결과 조회는 2번, 상담원 연결은 0번을 눌러 주십시오.

거주하시는 지역의 지역 번호와 별표를 눌러 주십시오. 경기도 광명시 성남시 안양시 하남시 과천시 거주자는 서울 지역 번호 02를 눌러 주십시오. 이전 단계는 우물정자를 눌러 주십시오. 서울 사무소 1번, 서울 세종로 출장소 2번, 김포 출장소는 3번을 눌러 주십시오. 이전 단계는 우물정자를 눌러 주십시오.

문의 전화 / 자동 응답기

Ⅱ

유학생 여러분! 여러분은 '방문 예약'이라는 말을 들어 보신 적이 있습니까? 비행기 표나 영화표 예매, 또는 병원 진료예약처럼 출입국 관리 사무소 방문을 예약하는 것입니다. 인터넷을 통해 자신이 방문하기 편리한 날짜와 시간을 정하여 출입국 관리 사무소 방문일정을 예약하는 제도입니다.

방문 예약을 하려면 먼저 하이 코리아에 회원가입을 해야 합니다. 그리고 방문 예약을 한 다음 예약한 날짜와 시간에 출입국 관리 사무소를 방문하면 됩니다. 가실 때 예약 접수증은 꼭 가져가야 합니다. 그러면 예약시간에 맞추어 기다리지 않고 일을 처리할 수 있습니다.

예약 접수는 연중무휴이기 때문에 언제든지 할 수 있습니다. 당일 예약은 불가능하며 신청하는 날의 다음 날부터 예약이 가능합니다. 예약 취소는 반드시 방문예정일 1일 전까지 해야 합니다. 예약 당일에는 취소할 수 없습니다. 그리고 예약시간에서 5분이 지나거나 사무소 및 창구를 잘못 예약했을 경우에는 모두 무효처리됩니다. 주의하시기 바랍니다.

6 서울 타워에 간다면 야경을 감상할 거예요

Ⅰ

성주(남): 서울에서 가 본 곳이 어디야?

진나(여): 쇼핑하러 명동이나 동대문 시장, 남대문 시장에 가 봤어.

성주(남): 거기밖에 안 가 봤어? 서울에 가 볼 만한 데가 많은데.

진나(여): 특별히 어디가 재미있는데?

성주(남): 인사동도 재미있어. 여기서는 미술관이나 옛날 물건을 구경할 수도 있어. 옛날 집을 이용한 찻집도 있어서 분위기가 아주 좋아. 그리고 한옥 마을이 있는데, 한국의 옛날 집의 모습을 보면서 한국 사람들이 어떻게 살았는지 느낄 수 있어.

진나(여): 그런 곳도 있었구나. 또 재미있는 곳은 어디야?

성주(남): 청계천이 있는데 시내 중심에 물이 흘러. 물길을 따라 친구와 걸을 수도 있어. 그리고 남산에 간다면 서울 타워에 올라가서 서울 야경을 감상할 수도 있어.

진나(여): 야경이라고? 아주 낭만적으로 들린다. 멋있겠다. 빨리 가보고 싶어. 서울 타워에 나랑 같이 가 줄래?

성주(남): 좋아. 사실은 나도 서울 타워에서 야경을 얼마나 보고 싶었는지 몰라.

진나(여): 어떻게 가야 돼? 남산 밑에서부터 걸어서 가는 거야?

성주(남): 걸어서 가도 되고 케이블카를 타고 갈 수도 있어.

진나(여): 그럼 케이블카로 가자.

성주(남): 좋아. 케이블카 운행 시간하고 요금을 알아볼게.

Ⅱ

안녕하십니까? 남산을 홍보하는 지역뉴스 남산사랑입니다. 연말연시를 맞이하여 서울 타워에서 특별 연장영업을 실시하게 되었습니다. 특별한 날을 맞아 관광객들에게 좀 더 많은 즐거움을 드리기 위해 연장영업을 결정하게 되었습니다. 서울 타워 전망대는 12월 31일에 평소보다 3시간 더 연장하여 아침 10시부터 1일 새벽 2시까지 영업을 합니다. 1월 1일에는 4시간 일찍 영업을 시작합니다. 그래서 새벽 6시에 문을 열어 자정에 문을 닫습니다. 케이블카와 순환 버스도 전망대 영업시간에 맞춰 연장 운행됩니다. 서울 타워를 방문하시는 남녀 커플에게는 전망대와 케이블카의 이용요금을 10% 할인해 드립니다. 전망대와 케이블카를 함께 즐기실 수 있는 표를 이용하셔도 이용요금의 10%를 할인 받으실 수 있습니다. 순환버스는 12월 31일, 1월 1일에 한하여 무료로 운행될 예정입니다. 남산을 구경하시는 여러분에게 도움이 되었으면 합니다. 많은 이용 부탁드립니다.

7 바다로 여행을 가자면 준비할 게 많아요

Ⅰ

선배(남): 이번 여름 방학에 우리 동아리에서 여행을 가기로 했는데 어디가 좋을까?

후배(여): 글쎄요, 일단 거리나 비용부터 고려해서 장소를 정해야 할 것 같아요.

선배(남): 그렇지. 거리는 3시간 내외에 있는 곳으로 가는 게 좋을 것 같고, 비용이야 적게 들수록 좋겠지. 그것보다 산으로 갈 건지 바다로 갈 건지를 먼저 정해야 할 것 같아.

후배(여): 그렇군요. 아, 여름이라 바다가 좋을 것 같긴 한데. 근데 바다로 가자면 수영복을 입어야 하겠네요. 다이어트 시작해야겠는데요. 에이, 그냥 산으로 가요.

선배(남): 하하하! 우리 동아리 여행 장소가 네 다이어트의 성공 여부에 달려 있구나! 수영복을 입을 필요 없이 그냥 편하게 입으면 돼.

후배(여): 그렇군요! 휴, 다행이다. 그럼 시원한 바다로 가요.

선배(남): 그래. 해양 스포츠도 할 수 있으니 그게 좋겠다.

후배(여): 저도 수상스키나, 보트 타는 걸 진짜 좋아해요. 하지만 여행에선 무엇보다 먹는 재미가 최고지요.

선배(남): 물론 그렇지. 바닷가니까 회도 한 번 먹고 지역 특산물 요리도 꼭 먹어야지.

후배(여): 그렇게 먹자면 비용이 꽤 많이 들겠는데요. 해안가에서는 라면을 끓여먹거나 음식을 시켜먹는 것도 싸고 좋은데요.

선배(남): 숙박은 내가 동해안에서 민박 운영하는 분을 알고 있으니까 한번 알아볼게.

후배(여): 우와, 정말 잘됐네요. 그럼 동해안으로 가니까 해돋이도 꼭 보고 왔으면 좋겠고, 또…….

선배(남): 네 계획대로 다 하면 돌아오는 동시에 우리 모두 지쳐서 쓰러지겠다.

Ⅱ

아들(남): 엄마, 저 이번에 친구들이랑 바닷가로 놀러 가기로 했어요.

엄마(여): 그건 좀 곤란한데. 피서지는 위험한 일이 많아.

아들(남): 엄마. 저도 이제 성인이고 다 컸다고요. 위험할 일이 뭐가 있어요?

엄마(여): 얘, 뉴스도 안 봤니? 어제도 물놀이 하다가 파도에 휩쓸려 인명피해가 발생했다는구나.

아들(남): 그건 동해안이라서 그래요. 저는 파도가 세지 않은 서해안으로 가니까 괜찮을 거예요.

엄마(여): 그래, 그럼 조심해서 다녀와야 한다. 그리고 여름철에 바닷가에 가서는 아무거나 먹어서는 안 된다. 꼭 익혀서 먹어야 하고 물도 끓여 먹고 말이야. 요즘 식중독이나 전염병이 유행한다는데.

아들(남): 네. 걱정 마세요. 엄마 허락을 받자면 가기 전에 주의 사항부터 잘 챙겨야겠는데요.

엄마(여): 그것보다 이번 여행은 네 기말 성적에 달려 있어.

아들(남): 그건 곤란한데요. 기말 시험을 마치는 동시에 여행을 가기로 했거든요. 성적은 그 다음 주에나 나올 텐데…….

엄마(여): 그렇다면 시험을 잘 보겠다는 약속이라도 확실히 해야 해.

8 마당놀이가 흥겹더라고요

Ⅰ 안동 탈춤은 약 500년 전부터 마을 사람들의 건강과 안녕을 위해 추던 탈춤이었습니다. 안동 탈춤에는 많은 탈들이 등장합니다. 안동 탈춤에 등장하는 탈의 모습을 남자 탈과 여자 탈로 나누어 살펴보면 다음과 같습니다.

남자 탈은 여자 탈에 비해 얼굴 표정이 잘 나타나 있는 것이 특징입니다. 우선 양반탈은 웃는 모습에 양반의 여유가 잘 표현되어 있는 탈로 코가 삐죽해서 강한 인상을 줍니다. 그리고 선비 탈은 역삼각형의 얼굴에 몹시 화가 난 것 같은 모습으로 강한 느낌을 주는 탈입니다. 백정 탈은 몸에 비해 큰 얼굴이 있는 탈로 얼굴과 턱이 따로 떨어져 말을 할 때 턱 부분이 움직일 수 있게 제작되었습니다. 초랭이 탈은 검은색 모자를 쓰고 입이 삐뚤어진 것이 재미있습니다. 이매 탈은 항상 웃는 얼굴을 한 탈로 다른 탈과 다르게 턱이 없는 것이 특징입니다.

여자 탈은 남자 탈에 비해 얼굴에 표정이 잘 나타나 있지 않습니다. 여자 탈로는 각시 탈, 할미 탈, 부네 탈이 있습니다. 각시 탈은 머리 위에 큰머리를 올려놓았고, 머리는 두 귀를 덮은 탈입니다. 부네 탈은 다른 탈에 비해 크게 웃지 않고 살짝 미소를 지은 것이 다릅니다. 할미 탈은 늙은 할머니의 모습을 표현한 탈로 눈은 둥글고, 눈과 눈 사이에 주름이 있습니다. 볼과 눈, 입 주변에 주름이 많은 것이 특징입니다.

삐죽하다 / 삐뚤어지다

Ⅱ 여: 어제 마당놀이를 처음 봤는데요, 정말 재미있더라고요.
남: 제목이 뭐였는데요?
여: 효녀 심청전이었어요.
남: 심청전은 한국 사람이면 누구나 아는 유명한 옛날이야기죠.
여: 그런데 마당놀이는 정확히 무슨 뜻이에요?
남: 마당에서 이루어지는 모든 전통 공연을 마당놀이라고 해요. 풍물놀이, 탈춤, 판소리 등이 마당놀이라고 할 수 있어요. 그런데 어제 본 마당놀이는 무슨 이야기인지 이해했어요?
여: 이해가 안 되는 부분도 있었지만 괜찮았어요.
남: 가장 기억에 남는 부분은 뭐였어요?
여: 앞을 못 보던 심청이 아버지가 눈을 뜨는 장면이었어요. 이때는 친구는 물론 많은 관객들도 눈물을 흘렸어요.
남: 정말 감동을 받은 것 같네요.
여: 마당놀이는 오페라나 연극과는 좀 다른 것 같아요.
남: 어떤 점이 다른 것 같아요?
여: 관객들이 연기자와 함께 공연에 참여하는 거요. 그래서 관객들은 연기자가 울 때 같이 울고, 연기자가 노래할 때 같이 노래했어요. 끝날 때는 모든 사람이 함께 덩실덩실 춤도 추었어요. 이런 점들이 다르다고 느꼈어요. 특별한 경험을 하고 왔어요.
남: 마당놀이 매력에 푹 빠지셨네요.

9 차를 마시니 마음의 여유가 생기던데요

Ⅰ 왕명(남): 진나야 너는 차 마시는 것을 좋아하니?

진나(여): 응, 자주 마시는 편이야. 넌 어때?

왕명(남): 나도 좋아해. 난 주로 녹차를 마셔. 넌 주로 어떤 차를 마시니?

진나(여): 나는 주로 유자차를 마셔.

왕명(남): 아, 그렇구나. 감기에 걸렸을 때 유자차를 마시면 좋다는 얘기를 들은 것 같아.

진나(여): 그래? 그럼, 녹차는 뭐에 좋은지도 알아?

왕명(남): 당연하지. 녹차는 암을 예방하고 다이어트 효과도 있어. 그리고 성인병도 예방해 줘.

진나(여): 너 이제 보니 차 전문가로구나! 그러면 혹시 유자차 만드는 방법도 알고 있어?

왕명(남): 응. 알고 있어. 먼저 유자를 깨끗하게 씻어서 물기를 닦아야 해. 그리고 유자를 잘라서 껍질을 벗겨야 해.

진나(여): 아, 그런 다음에 껍질을 길고 가늘게 썰어서 설탕과 함께 병에 담아두는 거구나.

왕명(남): 맞아. 하루 정도 있다가 냉장고에 일주일 정도 넣어두면 돼.

진나(여): 고마워. 생각했던 것보다 쉬운 것 같아. 오늘 당장 집에 가서 만들어 봐야겠어.

Ⅱ 유미(여): 나 주말에 보성에 다녀왔는데 너 혹시 보성이라는 곳을 아니?

성주(남): 응. 당연히 알지. 차밭으로 유명한 곳이잖아.

유미(여): 맞아. 보성이야말로 우리나라에서 차밭으로 제일 유명한 곳이지. 우리나라 차 생산의 40% 정도를 차지하는 곳이거든.

성주(남): 아, 그렇구나. 서울에서 보성까지 가려면 얼마나 걸려?

유미(여): 버스를 타고 가면 4시간 정도 걸려.

성주(남): 그렇구나. 나도 이번 방학에 가 봐야겠어.

유미(여): 그곳에 가면 차 축제도 즐길 수 있어. 축제에 참여하면 차에 관한 여러 가지 체험을 할 수 있어서 좋아.

성주(남): 어떤 행사들이 있어?

유미(여): 응. 차 잎을 직접 따 보거나 차를 직접 만들어 볼 수도 있어. 그리고 차 마시는 방법에 대해 배울 수도 있어.

성주(남): 차 마시는 방법? 다도를 말하는 거니?

유미(여): 그래, 다도야말로 차를 즐기는 사람이라면 꼭 알아야 하는 것이지.

성주(남): 그런데 다도는 어떻게 하는 거야? 너무 어렵지 않을까?

유미(여): 다도에서 제일 중요한 건 차를 우리고 향을 음미하면서 조용히 마음을 다스리는 거래.

성주(남): 그렇구나. 나도 차를 마시며 정신을 다스리는 방법을 배우고 싶다.

유미(여): 그럼 너도 이번 주말에 한번 가보는 게 어때?

따다

10 윷놀이가 이렇게 재미있다니

I 앵커(여): 이제 곧 우리 민족 최대의 명절 설날이 시작됩니다. 그런데 다른 나라의 설 모습은 어떨까요? 중국과 일본을 비롯한 세계의 설 풍습을 김성주 기자가 취재했습니다.

기자(남): 어느 나라나 새해 첫날은 가장 큰 명절이라고 할 수 있습니다. 중국은 설을 춘절이라고 하는데 보통 일주일 정도의 긴 설 연휴를 갖습니다. 일본은 한국이나 중국과 달리 양력으로 1월 1일을 명절로 정하여 3일 정도 연휴를 갖습니다. 중국이나 일본은 우리나라와 같이 신년을 가족과 함께 맞이하며 조상이나 신에게 새로운 일 년을 잘 보내게 해 달라는 기도를 합니다.

이번에는 서양의 신년 모습을 알아보겠습니다. 서양인들은 12월 31일 밤에 친구나 가족들이 모여 밤새도록 맛있는 음식을 먹으면서 춤추고 노는 새해 파티를 엽니다. 자정에 새해를 알리는 종이 울리면 모두 기뻐하고 서로 축하합니다.

이제 곧 우리 민족 최대의 명절이자 세계인의 축제가 되는 설이 시작됩니다. 날짜와 풍습은 각각 다르지만 한 해를 잘 마무리하고 새해를 기쁨으로 맞이하고자 하는 마음은 세계적 공통점인 것 같습니다.

지금까지 중앙 뉴스의 김성주였습니다.

II 유미(여): 마이클 씨, 어서 오세요. 길이 막히지는 않았어요? 추석에는 사람들이 대부분 고향에 돌아가서 명절을 쇠거든요.

마이클(남): 네, 일찍 출발해서 괜찮았어요. 그런데 서양에 추수감사절이 있듯이 동양에는 추석이 있는 거예요?

유미(여): 그렇죠, 추수감사절과 의미는 비슷하다고 할 수 있어요. 그렇지만 추석은 음력 8월 15일이고 추수감사절은 11월 넷째 주 목요일이라는 점이 다르지요.

마이클(남): 그렇군요. 오면서 라디오를 들으니 "더도 말고 덜도 말고 한가위만 같아라."라는 말이 계속 나오더라고요.

유미(여): 추석을 한가위라고도 하는데요, 한 해 동안 농사지은 곡식과 과일로써 조상님께 감사하는 날이잖아요. 먹을 게 풍성하니까 항상 한가위처럼 살고 싶다는 의미예요.

마이클(남): 아~ 그렇군요. 정말 재미있는 말이네요. 참, 추석에는 무슨 놀이를 해요?

유미(여): 사물놀이랑 달맞이나 강강술래, 줄다리기 등을 하면서 아주 신나게 놀아요.

마이클(남): 와~ 정말 신나겠어요.

어휘
색인

1과

적성
장래 희망
전공과목
교양 과목
강의 계획서
학점
수강
청강
신청
변경
경쟁률
초과
제한
학사 경고
개강 / 종강
급하다
유용하다
고려하다

2과

경우
버릇
안부
용건
옷차림
핑계
양해
윗사람 / 웃어른
당분간
공손하다
무례하다
수줍다
당황스럽다
어긋나다
공경하다
염려하다
마주치다
고개(를) 숙이다
무조건
내내
목례
찾아뵙다
깨닫다
말을 놓다
상대방

3과

교육 제도
조기 교육
영재 교육
가정 교육
평생 교육
수험생
치열하다
민감하다
유리하다
변덕스럽다
답답하다
단속하다
시정하다
좌우하다
지원하다
시달리다
취득하다
지식
아깝다
활용하다
내지
자격
부유하다
의복
기러기
영어권
교육열
출산율

4과

청결
체질
전염
과로
증세
예방
자존심
균형
환절기
만성
상징
규칙적
철저히
콜록콜록
처방하다
긁다
가렵다
건조하다
복용하다

성수기
배낭여행
해돋이
기후
지리
장마철
해안가
식중독
익히다
머무르다
여기다
지불하다
휩쓸리다
다짐하다
조식
중식
석식
피보험자
선박
항공기
패키지여행
투숙 인원
최소 인원
가입 여부
기네스북
방영되다
한적하다
번화하다
정면
목장
양 떼
먹이
산책로
간직하다

8과

하회탈
탈춤
관중
광대
가면극
마당놀이
사물놀이
몸짓
덩실덩실
막상
출전하다
협연하다
수상하다
신경 쓰다
이어지다
빠지다
전래하다
흥겹다
배려하다
엄청나다
상관하다
불평하다
삐죽하다
삐뚤어지다
도령
재앙
도저히
굿을 하다
금줄
구멍을 뚫다
토하다

9과

인생
겸손
미덕
조언
정적
동적
객관적
집중
정서적
효능
비판
타당성
갈증
차분하다
건전하다
깨우치다
차지하다
음미하다
다스리다
고요하다
따다
요소
재료
조화를 이루다
생강즙
항암
빈혈
미묘하다
귀찮다
맛이 떨어지다
우리다
식히다

10과